I0817595

CUENTA ATRÁS PARA HACERTE RICO

CUENTA ATRÁS PARA HACERTE RICO

21 DÍAS DE HÁBITOS PARA ATRAER LA ABUNDANCIA

Rhonda Byrne

HarperCollins Español

La información contenida en este libro tiene fines informativos y educativos, y no debe considerarse como sustituto del asesoramiento profesional, legal, financiero, empresarial o laboral. Las prácticas sugeridas deben utilizarse solo como complemento de un plan financiero racional basado en su propia investigación y después de consultar a un profesional competente, un asesor empresarial, un agente de inversiones, un planificador financiero o un contador, según lo requiera la situación. Ni el autor ni el editor se hacen responsables en modo alguno del uso indebido del material aquí contenido.

Los libros de HarperCollins Español pueden ser adquiridos con fines educativos, empresariales o promocionales. Para más información, envíe un correo electrónico a SPsales@harpercollins.com.

https://harpercollinsespanol.com

Título original: *Countdown to Riches*

Publicado en inglés por HarperOne en los Estados Unidos de América en 2025.

Publicado en castellano por HarperCollins Ibérica en España en 2025.

PRIMERA EDICIÓN DE HARPERCOLLINS ESPAÑOL, 2025

Traducción: Rosana Esquinas López

Diseño del director creativo Nic George y el artista gráfico Josh Hedlund para Prime Time US LLC.

A menos que se indique lo contrario, las ilustraciones son de Nic George y Josh Hedlund. Ilustración de la p. 6, 23 y 96 © Oleksandr Moroz/stock.adobe.com; p. 32 Maksim Shebeko/stock.adobe.com; p. 69 © Jakub y Jedrzej Krzyszkowski/Stocksy/stock.adobe.com; algunas de las imágenes de los billetes de $100 utilizadas a lo largo del texto hacen referencia a o son una adaptación de art © liza/stock.adobe.com.

Este libro ha sido debidamente catalogado en la Biblioteca del Congreso de los Estados Unidos.

ISBN 978-0-06-349097-0

25 26 27 28 29 LBC 5 4 3 2 1

Dedicado a
Savannah, Henley, River y Willow
(mis nietos)

Que *Cuenta atrás para hacerte rico* te inspire
para vivir tu mejor vida, llena de riqueza y alegría.

Índice

Introducción

¡Todos los problemas relacionados con el dinero tienen la misma causa! No son el resultado de tu sueldo, de la falta de ahorros en tu cuenta bancaria, de las deudas que hayas acumulado ni de ninguna otra circunstancia mundana. ¡Los problemas relacionados con el dinero solo los causan nuestros pensamientos!

Nuestras circunstancias de vida actuales son el resultado de lo que pensamos y creemos. El dinero que tienes o no tienes, el sueldo que no es lo suficientemente alto como para poder mantenerte, la falta de dinero en tu cuenta bancaria, todo es el resultado de pensar que *no tienes suficiente dinero.* Pero no es culpa nuestra que muchos de nosotros pensemos así. Estos pensamientos de escasez y de *insuficiencia* nos los transmitieron nuestros padres y la sociedad a lo largo de nuestra infancia, a través de frases que nos repitieron una y otra vez: «No podemos permitírnoslo», «El dinero no crece en los árboles», «El dinero no da la felicidad» o, incluso, «El dinero es la raíz de todos los males». Como eso es lo que pensamos, se convierte en nuestra realidad.

Muy pocas personas en la historia de nuestra civilización han descubierto la enorme revelación y libertad que encierran estas palabras:

Existimos en un universo mental.

Nuestros pensamientos son la causa de *todo* lo que experimentamos, y el efecto de nuestros pensamientos son nuestras circunstancias vitales.

Gobernando nuestros pensamientos hay una ley universal que ha recibido muchos nombres a lo largo de los siglos: la ley del karma, la ley de la vibración, la ley de la atracción, la ley de la polaridad, la ley del mentalismo, la ley del ritmo y la ley del amor, por decir algunos. Esta ley universal responde a los pensamientos de las personas. La ley dice lo siguiente: «Yo materializo tus pensamientos; te daré lo que piensas, sin importar lo que sea, no será ni más ni menos».

A todas las cosas de nuestra vida las precede un pensamiento. A las palabras que decimos las preceden

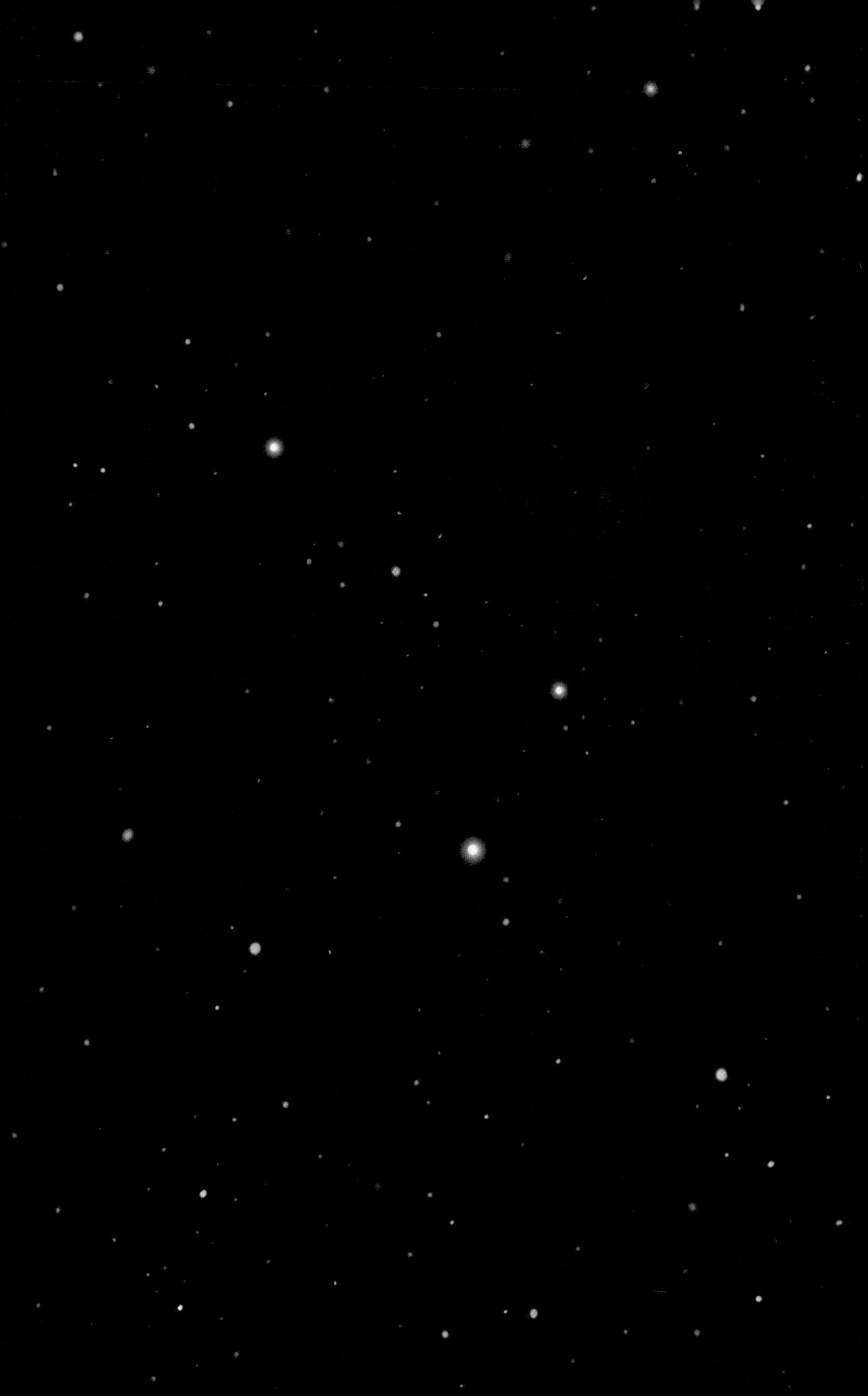

pensamientos, a las acciones que llevamos a cabo también las preceden pensamientos. La ley universal responde a esos pensamientos sin cesar, los replica de forma exacta y los duplica con la precisión de una fotocopiadora. Por todo esto, las cosas en las que piensas son las que aparecerán en tu vida. Aquello en lo que te enfocas o sobre lo que hablas, ya se trate de algo que quieres o que no quieres, se convierte en parte de tus circunstancias vitales.

Para tener independencia económica, justamente tienes que valerte de aquello que antes te ha mantenido alejado del dinero: ¡tus pensamientos!

La ley universal no responde a lo que te está pasando en la vida ni a tus circunstancias actuales, tan solo responde a los pensamientos que estás teniendo *ahora.*

Para tener independencia económica debes liberarte de una vez por todas de la mentalidad de escasez —una mentalidad que, lamentablemente, afecta a la mayoría de la población—, que surge por pensar, sobre todo, en que no tienes el dinero suficiente. Para tener independencia económica debes tener una *mentalidad de riqueza,* y eso implica que pienses, sobre todo, en que el dinero abunda; esto es lo que hacen las personas ricas.

Solo debes dar *un paso:* generar pensamientos de que tienes mucho dinero sin que surjan pensamientos contradictorios. Es así de simple, aunque a veces no es fácil después de una vida entera pensando lo contrario. No obstante, si sigues pensando que no tienes el dinero suficiente o que te falta dinero, tu situación económica no podrá cambiar.

Lo primero es que tu mente se vuelva rica al generar pensamientos de riqueza, abundancia, mucho dinero e independencia económica, de esta manera tu vida reflejará dichos pensamientos. Cuando cumplas con este único paso, la ley universal cambiará tus circunstancias

LO
PRIMERO
ES QUE
TU MENTE
SE VUELVA
RICA

económicas al mover la energía de las personas y los acontecimientos para reflejar tu nueva forma de pensar.

La vida es muy fácil cuando entiendes cómo funciona esto. Para cambiar cualquier aspecto de tu vida, piensa en lo que quieres en vez de pensar en cómo son las cosas, ¡si es que no te gustan tal y como son! Decide que tu vida *va* a cambiar con respecto al dinero, pues ya has luchado lo suficiente y te has hartado de no tener lo suficiente. En cambio, a partir de ahora, vas a elegir pensamientos relacionados con tener mucho dinero, ¡y vas a tener independencia económica!

Un amigo mío quería manifestar riqueza y un estilo de vida acomodado, y durante años lo intentó y se dedicó a visualizarlo. Sin duda, su situación económica mejoró con el paso del tiempo, y en varias ocasiones recibió grandes sumas de dinero. Pero entonces tuvo lugar la *gran* manifestación, y esa manifestación se tradujo en riquezas y abundancia más allá de lo que podía imaginarse. Ahora entiende, con mayor profundidad que nunca, la importancia de *pensar y sentir como si ya fueras rico.* Mi amigo me dijo que, cuando alcanzó la riqueza, pudo ver cómo su mentalidad de abundancia y su estado emocional seguían manifestando aún más riqueza; tener riqueza atrae más riqueza simplemente porque no dejó de *sentir que era rico.* ¡Si mi amigo hubiera adoptado esa mentalidad antes, podría haber manifestado una gran fortuna muchos años atrás! Y esa mentalidad es precisamente lo que quiero que te proporcione este libro.

Según la psicología, solo hacen falta veintiún días para crear un nuevo hábito en nuestra mente subconsciente. En *Cuenta atrás para hacerte rico* pasarás veintiún días aprendiendo a usar tus pensamientos para cambiar tu situación económica. *Cuenta atrás para hacerte rico* te ofrece algunas de las prácticas más simples y poderosas que te puedas imaginar, prácticas que te ayudarán a pensar, hablar, enfocarte y visualizar que tienes mucho dinero. Te enseñaremos cómo cambiar un patrón habitual de pensamiento de escasez para que tengas uno enfocado en la riqueza; de esta manera, al final podrás tener independencia económica en la vida.

¡Que empiece la CUENTA ATRÁS PARA HACERTE RICO!

Día 1

Tu lista de deseos

«Si deseas eliminar la escasez, concéntrate en la abundancia».

Charles F. Haanel, escritor

Si no contradijeras los pensamientos del dinero que quieres con pensamientos negativos que te dicen que no tienes lo suficiente, casi de inmediato recibirías todo lo que deseas. Ya sean pensamientos sobre lo que quieres o pensamientos sobre lo que no quieres, ambos se materializan en tu vida de igual forma. El problema para muchos es que ni siquiera son conscientes de que no dejan de pensar en lo que no quieren, y luego se preguntan por qué la vida no les da un respiro. Si esta ha sido tu experiencia, todo está a punto de cambiar. Es así de simple:

¡Cambia tus pensamientos, cambia tu vida!

Hoy quiero que crees una lista de deseos y escribas, específicamente, todo lo que quieras que esté relacionado con el dinero o que cueste dinero. En tu lista, debe haber al menos veinte cosas, pero puedes añadir tantas como quieras. No hay límites en lo que puedes pedir y, como verás, lo que puedes recibir tampoco tiene límites. Pueden ser cosas grandes y cosas pequeñas, y es útil hacer una mezcla de ambas. Tal vez quieras que aumente el dinero que tienes en la cuenta del banco, un trabajo con un sueldo concreto, saldar deudas, una casa o un coche nuevos, volar en primera clase, unos zapatos en concreto, un portátil o un móvil nuevos.

Puedes pensar en diferentes aspectos de tu vida, como tu cuerpo y tu salud, tu trabajo, tu casa y tus aficiones. Puedes pensar en sitios a los que te encantaría viajar. ¿Quieres ir a un concierto o evento deportivo en particular? ¿Quieres tener una piscina? ¿Un barco? ¿Nuevos muebles, electrodomésticos, ropa o joyas? ¿Hay algún familiar o causa benéfica a la que te encantaría aportar dinero?

Esta es la lista de deseos con los que *sueñas,* esto es lo que comprarías si el dinero no fuera un obstáculo.

Ignora cualquier pensamiento que pueda surgir y que te diga que lo que deseas es demasiado o imposible para ti. Se supone que esto debe ser algo divertido, ¡y deberías sentirte de maravilla al hacer tu lista de deseos! Si no te sientes bien, déjalo y vuelve a retomar la lista cuando te sientas mejor. Sentirse bien al crear la lista de deseos es importante para la manifestación.

Cuando hayas terminado de escribir la lista de deseos, añade la cantidad aproximada de dinero que crees que costará cada cosa. Puedes buscar el precio o simplemente poner una cantidad estimada. Tu lista de deseos podría ser algo así:

1. Saldar todas las deudas	$8300
2. Lavadora y secadora nuevas	$1500
3. Pagarles lo que les debo a mis padres	$7000
4. Un coche deportivo utilitario	$70 000
5. Viajar a Europa con la familia	$8000
6. Un trabajo nuevo con un salario anual de cien mil dólares	$100 000
7. Un saldo mínimo en la cuenta de cincuenta mil dólares	$50 000
8. Un iPhone nuevo	$1000
9. Zapatillas de deporte nuevas para el gimnasio	$90
10. Chubasquero nuevo	$70

Y así sucesivamente, hasta que llegues al menos a veinte cosas.

¡Y esto es todo por hoy!

¡Diviértete!

Día 2

Convertir el dinero que sale en dinero que entra

«Solo hay una manera de poder alcanzar
la prosperidad y es hacerte
con el control de tu mente».

Eric Butterworth, escritor

Si en tu vida escasea el dinero, significa que está saliendo más dinero del que entra. La causa principal de esta situación es que no dejas de enfocarte en la falta de dinero (en no tener suficiente); la causa principal *no* son las circunstancias externas de tu vida, como tu sueldo o cuánto dinero te estás gastando. Si cambias tu mentalidad interna de la escasez a la abundancia, las circunstancias externas de tu vida, como tu sueldo, tus gastos y toda tu situación económica, cambiarán por arte de magia para reflejar tu nueva mentalidad interna.

La dificultad puede estar en que, cuando no tienes suficiente dinero, cada vez que pagas algo sueles tener pensamientos negativos y una sensación negativa de resistencia, como «No quiero pagar», «Después de pagar esta factura no tendré dinero», «Cada vez tengo menos dinero», «Siempre estoy sin blanca», «¿Cómo voy a salir adelante?», y esos pensamientos negativos y sentimientos de resistencia son los que impiden que el dinero llegue a ti. De hecho, esos pensamientos y emociones no solo impiden que te llegue más dinero, sino que ¡crean más situaciones en las que tienes que desembolsar todavía más dinero!

Debes
saber que
el universo
tiene formas
ilimitadas de
traerte dinero.
¡Ilimitadas!

Libérate de cualquier creencia que te diga que solo puedes conseguir más dinero ganándolo a través del trabajo. Por desgracia, así piensa la mayoría de las personas y, por lo tanto, esa es su realidad. Pero en el momento en que te desprendes de esas creencias y abres la mente, todo cambia. Tu trabajo no es más que *una de las muchas* maneras en las que el universo puede ofrecerte dinero. Abre tu mente a la posibilidad de que el dinero pueda llegar a tu cuenta a raíz de miles de situaciones que jamás podrías imaginarte, y que podrías recibir cheques inesperados por correo surgidos de más situaciones y circunstancias de las que podrías soñar jamás. ¡Mantén la mente abierta, porque recibir mucho dinero no es más que un estado mental!

Cómo sucederá esto no depende de ti, pues la ley universal se encarga de todo. Utilizará personas, circunstancias y momentos para alinearse con tu pensamiento y manifestar los resultados. Tus pensamientos son energía; en el mundo material, todo está hecho de energía. La energía de un pensamiento atrae de forma automática la energía de su contraparte material hacia su fuente: ¡tú!

Da igual que un pensamiento sea verdadero o falso, puedes imaginarte la situación que desees, y la ley universal actuará en consecuencia. No responde a lo que ves en el mundo material, sino a lo que *piensas.*

La práctica de hoy es una forma poderosa de empezar a cambiar la mentalidad para revertir por completo el equilibrio entre el dinero que entra y el que sale. Cuando aprendí sobre la ley que rige nuestra mente, seguí esta práctica, la cual me ayudó a hacer un cambio rápido y profundo en la mentalidad que tenía respecto al dinero.

Hoy, cuando estés pagando por cualquier cosa, vas a aprovechar cada momento para hacer que ese dinero regrese a ti al *sentirte bien* al pagarlo. ¿Cómo puedes *sentirte bien* con el dinero cuando te lo estás gastando? ¡Al imaginarte que en realidad quien está *recibiendo* ese dinero eres tú! Por ejemplo: si llenas el depósito de gasolina del coche y en total te gastas cuarenta y cinco dólares, cuando vayas a pagar di mentalmente (y siéntelo como si fuera cierto): «¡Más dinero para mí! ¡Acabo de recibir otros cuarenta y cinco dólares!». También puedes imaginarte que alguien te entrega ese dinero, visualizar que lo depositas en tu cuenta bancaria, dar las *gracias* mentalmente por lo que acabas de recibir, o incluso decir mentalmente *¡clin, clin!* para representar el sonido de que te llega más dinero. Ponte creativo y elige las palabras que te entusiasmen y que te resulten convincentes. Si lo deseas, puedes llevar un registro de las cantidades que recibes a lo largo del día y, al final de cada jornada, sumarlas. ¡Mira el total y celebra mentalmente haber recibido esa cantidad de dinero hoy!

Cuanto más practiques esto (¡y te diviertas al hacerlo!), más fácil te resultará y más creíble te parecerá. Una vez que lo hayas convertido en un hábito, quiero que pases al siguiente nivel y le añadas un cero a la cantidad. Por ejemplo, si la gasolina te ha costado setenta y tres dólares y le añades un cero a esa cifra, estarías ganando setecientos treinta dólares. Pasa por el mismo proceso mental y haz que el sentimiento sea tan intenso como te sea posible: «¡Más dinero para mí! ¡Gracias! ¡Acabo de recibir otros setecientos treinta dólares!». Si estás pagando la factura de la luz y cuesta cien dólares, agrégale un cero para imaginarte que has recibido mil dólares. O si te compras un café que cuesta cuatro dólares, ¡imagínate que acabas de *recibir* cuarenta!

Este hábito te ayudará a *sentirte bien* cuando pagues por algo, y cuando te *sientes bien* aceleras las fuerzas universales para manifestar el dinero que te has imaginado.

¡Dale la vuelta a cada ocasión del día en la que pagues por algo e imagínate que, en realidad, esa cantidad de dinero la estás recibiendo *tú*!

A pesar de lo simple e incluso infantil que pueda parecer este hábito, ¡funciona! Las personas adineradas no dejan de pensar en el dinero y entusiasmarse cada vez que lo reciben, y nunca piensan en la falta de dinero.

Mantén este hábito cada vez que pagues durante el resto del programa propuesto en *Cuenta atrás para hacerte rico.* Si quieres que el dinero fluya de forma continua en tu vida, te animo a que practiques este hábito siempre. Para esta práctica solo necesitas un pensamiento…, pero es un pensamiento que lo cambia todo.

Día 3

Afirmaciones de riqueza

«Creer en la limitación
es la única causa de la limitación».

Thomas Troward, escritor y juez

Nuestras mentes están llenas de pensamientos y creencias que hemos adquirido a lo largo de nuestra vida, y esos pensamientos y creencias son los que ahora controlan las circunstancias de nuestra riqueza o la falta de ella. Muchas de esas creencias se arraigaron en nosotros cuando éramos niños, en una etapa en la que nos creíamos de forma automática lo que los adultos y la sociedad nos decían. Si tenemos problemas con el dinero, es probable que escucháramos e interiorizásemos muchas de estas creencias desde pequeños. Pensamientos que nos decían que no hay suficiente dinero, que no nos podemos permitir ciertas cosas, que hay que esforzarse mucho para conseguir dinero y que no es fácil conseguirlo. La ley universal que gobierna nuestras mentes debe garantizar que aquello en lo que creemos sea lo que experimentamos en nuestra vida; por lo tanto, es imposible que experimentemos tener dinero en abundancia si mantenemos estas creencias sobre la escasez de dinero, aunque esas creencias sean falsas.

Nuestras mentes funcionan igual que los ordenadores, y nuestras creencias son como programas informáticos. Como con cualquier ordenador, podemos cambiar con facilidad los programas que rigen nuestra mente. La forma de cambiar nuestras creencias es exactamente igual a la forma en la que se instalaron originalmente: ¡a través del pensamiento! Al tener pensamientos opuestos a nuestras creencias limitantes y repetirlos con frecuencia, podemos cambiar cualquier creencia negativa que hayamos instalado sin darnos cuenta a lo largo de nuestra vida.

A los pensamientos deliberados repetidos una y otra vez se les llama afirmaciones, y hoy vas a escribir cinco afirmaciones sobre el dinero en notas adhesivas o trozos de papel y las vas a dejar por tu casa en sitios donde las veas a menudo (como en el espejo del baño, el refrigerador o el tablero del coche). Puedes escribir tus propias afirmaciones para que estén relacionadas con tus objetivos económicos o usar estas cinco afirmaciones:

El dinero llega a mí de forma sencilla y sin esforzarme.

Me llega más dinero del que me gasto.

Merezco tener todo lo que deseo, incluido dinero.

Atraigo el dinero.

El dinero en abundancia está en mi derecho de nacimiento.

Después, por la noche vas a empezar una práctica que consiste en dormirte escuchando mi voz mientras leo durante veinte minutos afirmaciones relacionadas con la riqueza (las instrucciones para acceder a la grabación se encuentran al final de este capítulo). Es una de las cosas más efectivas que puedes hacer para cambiar tu situación económica, porque alimentas tu mente subconsciente con pensamientos de abundancia justo antes de irte a dormir, sin dejar que pensamientos que te digan lo contrario tengan la oportunidad de presentarse.

Todas las noches, durante los próximos dieciocho días, mantendrás este hábito increíblemente poderoso. Aunque el mayor beneficio proviene de escuchar las afirmaciones en un estado de relajación, si por algún motivo no puedes escuchar la grabación, las afirmaciones también están incluidas al final de este libro y puedes leerlas.

RECUERDA

Continuar con la práctica de convertir el dinero que sale en dinero que entra.

Escuchar la grabación de las afirmaciones de riqueza antes de dormir.

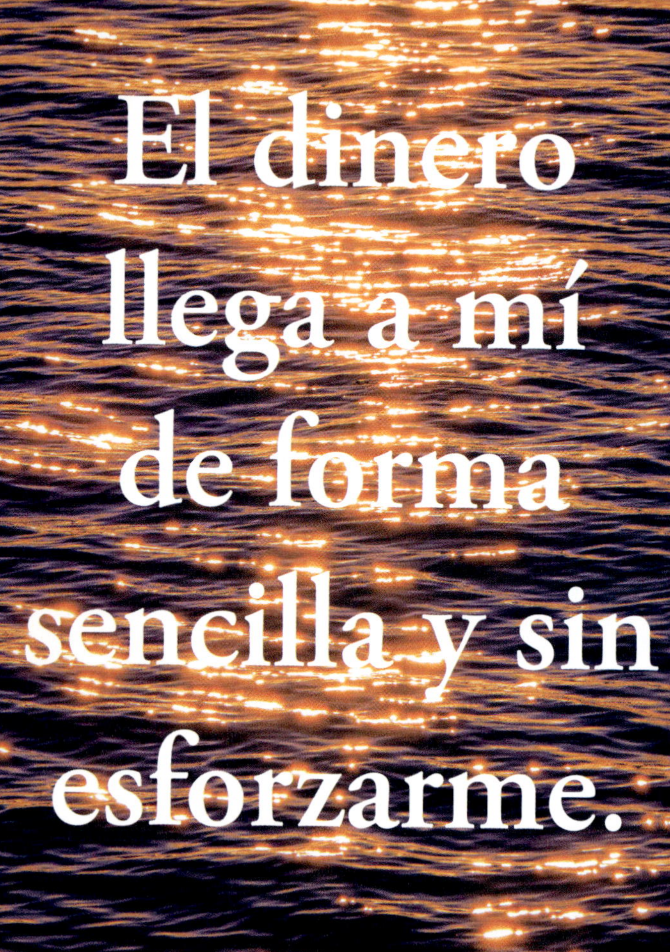
El dinero
llega a mí
de forma
sencilla y sin
esforzarme.

Escanear el código QR con el móvil y seguir las instrucciones para descargarte la grabación de las afirmaciones de riqueza en la aplicación Wealth Affirmations.

Día 4

El día de «yo quiero»

«El gran secreto para conseguir
lo que quieres de la vida es saber
lo que quieres y creer que puedes tenerlo».

Norman Vincent Peale, clérigo y escritor

Del libro *El Secreto:*

«La epidemia de "no quiero" es la peor de las que ha padecido la humanidad y lleva siglos causando estragos. La gente mantiene viva la enfermedad al pensar, hablar, actuar y enfocarse, sobre todo, en lo que "no quiere". Pero nuestra generación cambiará la historia, porque estamos recibiendo el conocimiento que puede liberarnos de esta epidemia. Empieza por ti y puedes llegar a ser un pionero de esta nueva forma de pensamiento, simplemente pensando y hablando de lo que quieres».

Deja que te haga una pregunta: ¿piensas y hablas más sobre lo que quieres, o piensas y hablas más sobre lo que no quieres? Porque la ley universal manifestará cualquiera de las dos cosas. ¿Hablas más sobre la abundancia de dinero que te gustaría tener o hablas más sobre la falta de dinero? Porque la ley universal manifestará aquello de lo que más hables.

¿Dices: «Mi lista de la compra ha sido ridículamente cara»? ¿O dices: «¡Hoy he comprado un montón de cosas que estaban rebajadas!»?

¿Dices: «No puedo permitirme irme de vacaciones»? ¿O dices: «Quiero irme de vacaciones pronto y me encantaría ir a Tahití»?

¿Dices: «Mi jefe ni siquiera se plantea aumentarme el sueldo»? ¿O dices: «Estoy muy agradecido de haber cobrado hoy. Me gusta mucho mi trabajo»?

¿Dices: «Los precios de la gasolina son una locura»? ¿O dices: «Estoy muy agradecido de que mi coche tenga tan poco mantenimiento»?

Hoy quiero que intentes pensar y hablar *solo* sobre lo que quieres (sobre todo, en cuanto al dinero, pero intenta hacerlo con *todo*). Esta práctica te cambiará la vida.

Cuanto más puedas entrenar a tu mente para que se centre en lo que quieres, más rápido cambiará tu situación económica.

Te será de ayuda hacer esta práctica con otra persona, de manera que puedan apoyarse mutuamente si alguno de los dos se desvía del objetivo. Si no es posible, pídele a la ley universal que te haga ser consciente de cada error. Di: «Avísame de forma clara si pienso o hablo sobre lo que no quiero».

También puedes fijar una intención: «Hoy voy a enfocarme en hablar exclusivamente sobre lo que quiero».

Si *solo* pensaras y hablaras sobre lo que quieres, justamente eso sería lo que conseguirías. ¡Piénsalo bien!

RECUERDA

Continuar con la práctica de convertir el dinero que sale en dinero que entra.

Escuchar la grabación de las afirmaciones de riqueza antes de dormir.

Día 5

Tu deseo es mi cometido

«Podemos hacer que nuestro futuro
sea lo que deseamos que sea».

Charles F. Haanel, escritor

Hay un proceso de creación para manifestar cualquier cosa que quieras que consiste en tres pasos: pedir, creer, recibir. Hoy nos enfocaremos en el primer paso de este proceso: *pedir.*

¿Te acuerdas de la historia del genio y Aladino? En una versión más reciente del cuento, el genio tan solo concede tres deseos, pero, en la historia original, ¡el genio concede deseos ilimitados! Originalmente, la historia fue creada para ilustrar cómo funciona la vida en realidad; el genio representa la ley universal, y el genio siempre está escuchando todo lo que pides. Pides cada vez que piensas, hablas o actúas, porque todo implica pensamiento. ¡El genio considera que quieres todo aquello en lo que piensas! Que todo lo que dices ¡lo estás pidiendo! Que todo lo que haces ¡es porque quieres hacerlo más veces! Tú eres el maestro del universo, y el genio está ahí para hacer tus deseos realidad. El genio nunca cuestiona tus órdenes. Tú lo piensas e inmediatamente el genio empieza a controlar el universo a través de personas, circunstancias y hechos para cumplir tu deseo. Detrás de cada pensamiento en el que crees y detrás de cada palabra que pronuncias con convicción, el genio está ahí para responder: «¡Tu deseo es mi cometido!».

Da igual que sea algo que quieras o que no quieras, si lo piensas, si lo dices, el genio asume que lo estás pidiendo, y dice: «¡Tu deseo es mi cometido!» y lo manifiesta para ti.

Exactamente así es cómo funciona la ley universal. La ley está respondiendo a tu mente y recibiendo cada pensamiento que tienes. Con cada pensamiento, pala-

¡Tu deseo es mi cometido!

bra o acción que llevas a cabo, completas el primer paso del proceso de creación, que es pedir, y la ley universal responde de forma inmediata.

Hoy, retoma tu lista de deseos y elige diez deseos principales, las diez cosas que *más* quieres. Suma el costo de cada uno de esos diez deseos para tener una suma total. Después, completa los datos en el cheque en blanco del genio del Banco del Universo (en la siguiente página) con tu nombre, la fecha de hoy y la suma total de tus diez deseos principales. ¡Eso es todo! En cuanto rellenes el cheque, el genio dirá: «¡Tu deseo es mi cometido!» y enseguida empezará a mover toda la energía para cumplirlo.

El genio elegirá el camino que menos resistencia suponga para manifestar cualquier cosa, así que recibirás o bien el dinero para cumplir un deseo o el deseo en sí mismo. Cuando recibas el dinero que te permita cumplir uno de tus deseos, recuerda tacharlo de la lista y restar esa cantidad de la suma total.

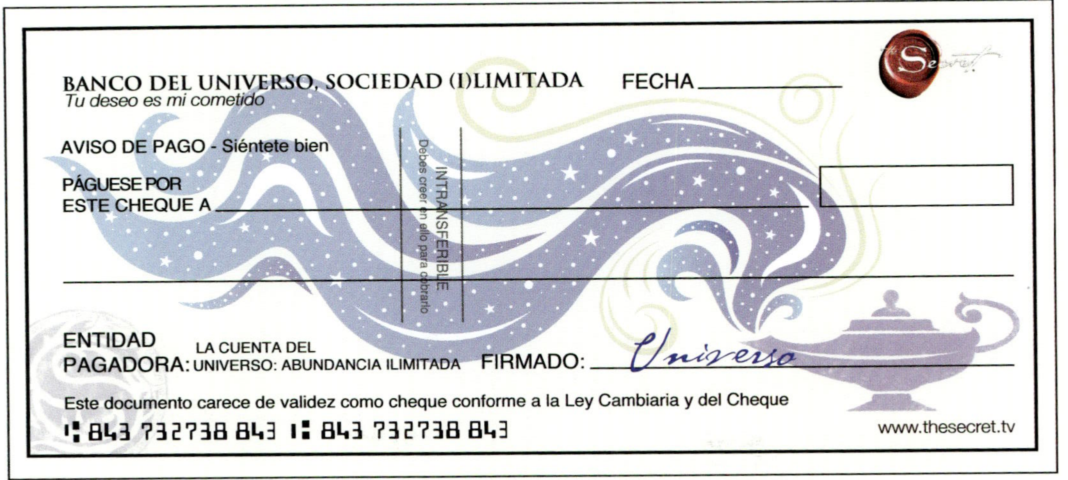

The Secret
BANCO DEL UNIVERSO, SOCIEDAD (I)LIMITADA
Tu deseo es mi cometido
FECHA
AVISO DE PAGO - Siéntete bien
PÁGUESE POR
ESTE CHEQUE A
INTRANSFERIBLE
Debes creer en ello para cobrarlo
ENTIDAD
PAGADORA:
LA CUENTA DEL
UNIVERSO: ABUNDANCIA ILIMITADA
FIRMADO: Universo
Este documento carece de validez como cheque conforme a la Ley Cambiaria y del Cheque
843 732738 843 843 732738 843
www.thesecret.tv

Y siempre has de recordar que con cada pensamiento y con cada frase que pronuncies, al igual que el genio, la ley universal considera que lo estás pidiendo y dice:

«¡Tu deseo es mi cometido!».

Recuerda

Continuar con la práctica de convertir el dinero que sale en dinero que entra.

Escuchar la grabación de las afirmaciones de riqueza antes de dormir.

Día 6

Yo lo creo

«Todos tenemos que seguir nuestra propia vida, tejer nuestro propio sueño, y todos tenemos el poder de hacer que los deseos se hagan realidad, siempre y cuando no dejemos de creer».

Louisa May Alcott, escritora

El segundo paso del proceso de creación es *creer.* Creer consiste en lograr que tu mente subconsciente crea que ya tienes lo que deseas, lo que significa que no tendrás pensamientos contradictorios que te digan que aún no lo tienes. Recuerda: cuando piensas en algo que deseas sin pensamientos contradictorios, ese deseo debe manifestarse y se manifestará. La forma de completar adecuadamente este segundo paso es pensar que ya es cierto, imaginar y fingir hasta que tu mente subconsciente crea que ya tienes

CRE

E R

lo que deseas. En el momento en que lo cree, la ley universal responde, ¡y la manifestación surge enseguida!

Tu mente subconsciente no razona ni hace preguntas. Tan solo acepta todo lo que le das, y eso incluye cualquier creencia de escasez sobre el dinero con la que puedas haberla alimentado. Las creencias de escasez impiden que la manifestación surja de forma instantánea cuando piensas en tener dinero en abundancia, porque tu mente subconsciente funciona según esas creencias profundas de escasez. Puedes anularlas pensando deliberada y repetidamente en lo que quieres con tu mente consciente, y también al proyectar deliberada y repetidamente imágenes de lo que deseas. Al final, esos pensamientos e imágenes sustituirán a las creencias de escasez que hay en tu mente subconsciente.

La ley universal que reina en tu mente no sabe ni le importa si algo es real o si te lo estás imaginando..., reproduce tus

pensamientos en el mundo físico de cualquier manera.

Por eso, si siempre estás pensando que no tienes suficiente dinero, la ley seguirá reproduciendo esa falta de dinero en tu vida. Pero si imaginas abundancia y no dejas que ningún pensamiento de escasez arraigue, la ley reproducirá la abundancia que estás imaginándote.

Para la práctica de hoy, quiero que finjas que te acabas de comprar tres deseos de tu elección. Escoge esos tres deseos y, uno por uno, visualízate con cada uno de ellos durante unos sesenta segundos. Después, para terminar con cada visualización, haz una fotografía mental de ti con ese deseo. El proceso completo solo te llevará tres minutos de concentración.

Si lo que quieres es un coche, durante unos sesenta segundos, visualízate conduciéndolo y luego posa para hacerte una foto delante de ese coche. Si lo que quieres es un reloj nuevo, imagínate que te subes la manga de la camisa para enseñarlo y que acercas la muñeca a la cámara para la foto. Si lo que quieres son unas vacaciones, visualízate en ese destino y después posando para la foto. Ya sabes cómo funciona.

Hacer fotos mentales de ti mismo con tus deseos es una forma poderosa de conseguir que tu mente subconsciente crea que ya has recibido lo que deseas. Al subconsciente le encantan las imágenes —son su idioma—, por lo que cuando tu mente consciente se queda con la imagen de ti y tu deseo es fácil que dicha imagen pueda pasar de forma directa al subconsciente. ¡Y una vez que esa imagen ya está en tu subconsciente, la ley universal la creará en tu realidad al instante!

RECUERDA

Continuar con la práctica de convertir el dinero que sale en dinero que entra.

Escuchar la grabación de las afirmaciones de riqueza antes de dormir.

Día 7

Y recibirás

«Las leyes de la vida seguirán dándoles de forma perpetua a aquellos que se han puesto a sí mismos en la actitud de recibir».

Christian D. Larson, escritor

Recibir es el tercer y último paso del proceso de creación. Este paso consiste en posicionarse en la *frecuencia de sentirse bien.* ¿Cómo te sientes cuando recibes algo que realmente quieres? De maravilla, ¿verdad? Pues lo cierto es que esa sensación positiva es una frecuencia energética en la que estás, y estar en la frecuencia de sentirse bien es justamente lo que hace que te sientas bien, ¡además de todo lo que quieres manifestar! Mientras mantengas esa sensación positiva, todas las circunstancias y cosas que te sucedan a lo largo del día harán que sigas sintiéndote así, lo cual incluye que manifiestes todas las cosas que deseas.

Da igual cómo te sintieras ayer o a primera hora del día, lo importante es cómo te sientes ahora. Todo tu poder está en el ahora porque atraes las cosas según la frecuencia en la que estés, y tu frecuencia actual siempre está determinada por cómo te sientes en este momento.

Esta es la razón por la cual a las personas felices y optimistas siempre les sale todo bien y parecen tener toda la suerte en la vida. Lo cierto es que no es suerte; es la frecuencia de felicidad y bienestar constante en la que se encuentran la que atrae todas las cosas buenas hacia ellos. También es la razón por la que las personas infelices y pesimistas parece que siempre se enfrentan a dificultades y desafíos.

La ley universal siempre hará coincidir tu experiencia con tu frecuencia, por eso cuando te sientes bien, además de tener un día estupendo, las puertas del universo están abiertas de par en par para que recibas todo lo que has pedido.

Si un día cualquiera te despiertas y por alguna razón te cuesta sentirte bien, o simplemente no te sientes tan bien como te gustaría, o tu estado de ánimo cambia por un pensamiento negativo, recurre a la lista de herramientas que te ofrecemos a continuación para cambiar de ánimo, pues te ayudará a que vuelvas a sentirte lo mejor posible cuanto antes. Detectar cuándo nos sentimos decaídos y ayudarnos a nosotros mismos para sentirnos mejor es muy importante para vivir una vida rica y feliz, porque el atajo hacia cualquier cosa que quieras pasa por estar y ser feliz AHORA.

Cuando eres feliz, estás en la frecuencia receptiva; *además*, cuando eres feliz solo puedes tener pensamientos positivos sobre lo que quieres, lo que significa que recibirás aún *más* cosas que deseas, ¡entre las que se incluye más dinero!

Siéntete feliz

AHORA

CÓMO CAMBIAR DE HUMOR

- Llama a un amigo o ser querido que te haga reír o sentirte bien.
- Camina durante cinco minutos, si es en un entorno natural, mejor.
- Llama a la persona más positiva y animada que conozcas.
- Ve vídeos de tu cómico favorito o un vídeo divertido en YouTube.
- Escucha tu canción favorita.
- Pásate uno o dos minutos abrazando a tu perro, gato u otra mascota.
- Abraza a tu hijo, pareja, ser querido o amigo.
- Envíale un mensaje a un amigo o ser querido diciéndole algo que aprecias de su persona o por qué la quieres.

- Sal al exterior unos minutos para respirar aire fresco.
- Come algo delicioso que te encante.
- Sal y quédate con los pies descalzos sobre el césped o la tierra durante un minuto.
- Pásate uno o dos minutos sentado tranquilamente prestándole atención a tu respiración al inspirar y espirar.
- Muévete o baila al ritmo de tu canción favorita.
- Prepárate una bebida caliente y date unos minutos para disfrutarla, si es en exteriores, mejor.
- Si estás en un espacio público, hazle un cumplido a un desconocido.
- Date un baño o una ducha caliente y relajante.
- Escribe diez cosas por las que estás agradecido.

- **Ponte tu película favorita que te haga sentir bien o que te haga reír.**
- **Lee unas páginas o un capítulo de un libro inspirador, como *El Secreto*.**
- **Ve el documental *El Secreto*.**
- **Escribe una lista de cinco o diez cosas que te ilusionan.**

En la vida, puede haber momentos en los que hagas lo que hagas no consigues sentirte mejor. Durante esos momentos, tan solo acepta cómo te sientes. No te resistas a ese sentimiento ni lo rechaces, y se irá disolviendo poco a poco. Si ves que vuelve, simplemente deja que el sentimiento permanezca ahí sin resistirte a él y volverá a disolverse. Aunque es sencillo, lo cierto es que se trata de una práctica muy poderosa y avanzada para dominar tu estado emocional.

Recuerda

Continuar con la práctica de convertir el dinero que sale en dinero que entra.

Escuchar la grabación de las afirmaciones de riqueza antes de dormir.

Día 8

Dinero en la mente, dinero en las manos

«Al visualizar o crear una imagen mental, no estás intentando cambiar las leyes de la naturaleza. Las estás cumpliendo».

Geneviève Behrend, escritora

El tiempo no existe para la ley universal que rige nuestra mente. Solo existe un momento para la ley universal, y es el momento presente, el ahora. ¡Por eso todo tu poder está en *este* momento! Además, para la ley universal el tamaño no existe.

No hay ninguna diferencia entre manifestar un dólar o manifestar un millón de dólares.

Por eso, cuando quieras manifestar algo, recuerda que el tamaño y el tiempo no existen; tan solo nosotros, con nuestras *creencias* sobre el tiempo y el tamaño, hacemos que esos conceptos sean reales. Si piensas que un dólar es poco dinero y que por eso es fácil de manifestar rápido, pero que un millón de dólares es mucho y, por lo tanto, difícil de manifestar rápido, experimentarás que el millón de dólares tarda mucho en manifestarse. Da igual lo que creas que es verdad, el genio siempre dirá: «Tu deseo es mi cometido». Somos creadores, y lo que pensamos es lo que manifestará la ley que rige nuestra mente.

Hoy quiero que visualices atraer una cantidad de dinero muy concreta: ¡un dólar! Cierra los ojos y visualízate recibiendo un billete de un dólar, piensa que está pasando de verdad. Precisamente escojo un dólar porque la mayoría de las personas cree que manifestar esa cantidad es fácil, y por eso consideran que es algo que puede suceder de inmediato. El primer paso y el segundo del proceso de creación ya los has completado, y ahora estás listo para el tercer paso: *¡recibir!*

Gold
999.9
Gold
999.9
Oro
999.9
PESO NETO
1000g
Gold
999.9

Estoy segura de que hoy manifestarás un dólar, pero ¿lo detectarás cuando suceda? Recuerda que la ley encontrará la forma más rápida y sencilla para que recibas ese dólar, así que puede surgir de cualquier manera. Algo que compres hoy está en oferta o tiene un precio reducido, alguien te paga un café, te encuentras un billete de un dólar en la calle, te encuentras un dólar en el bolsillo, o te descuentan un dólar o más en alguna cuenta. ¡Presta atención y busca tu dólar!

La práctica de hoy puede parecer demasiado sencilla, ¡pero el objetivo es que experimentes el poder de la manifestación para que puedas avanzar hacia cosas más grandes y mejores!

Recuerda

Continuar con la práctica de convertir el dinero que sale en dinero que entra.

Escuchar la grabación de las afirmaciones de riqueza antes de dormir.

DÍA 9

LA GRATITUD MULTIPLICA EL DINERO

«Sé agradecido por todo y no dejarás de recibir más de todo; así, el simple acto de ser agradecido se convierte en un camino hacia el aumento perpetuo».

Christian D. Larson, escritor

La gratitud es la forma más fácil y rápida de cambiar cualquier aspecto de tu vida, *sobre todo,* si hablamos de dinero. Cuando sientes gratitud por el dinero que tienes, sin importar la cantidad que sea, multiplicas ese dinero. También puedes multiplicar el dinero que tienes al sentirte agradecido por el dinero que tuviste o que se gastó en ti en el pasado. Dicho de forma sencilla, la gratitud multiplica todo lo que toca, y cuanto más profundo sea ese sentimiento, mayor será la multiplicación.

La gratitud es la forma más

sencilla y rápida
de cambiar tu vida.

Cuando pensamos que nos falta dinero en la vida, podemos dejar de ver cuánto dinero y abundancia nos rodea y nos *ha* rodeado a lo largo de esta. Hoy vamos a fijarnos en la gran cantidad de dinero que en realidad has recibido a lo largo de tu vida, y al hacer esta práctica y centrarte en la abundancia de tu pasado, *hoy* multiplicarás el dinero que tienes.

Siéntate y dedica unos minutos a recordar tu infancia, antes de tener algo de dinero o mucho. Haz una lista de veinte ocasiones en las que se gastaron dinero en ti, lo que equivale a dinero que recibiste. Al recorrer los recuerdos de tu infancia y juventud, te darás cuenta de cuántas cosas recibiste y de la abundancia de dinero que, en realidad, ya has experimentado en tu vida.

¿Siempre tuviste comida en la mesa?

¿Vivías en una casa?

¿Pudiste estudiar durante muchos años?

¿Tuviste libros para estudiar, almuerzos escolares y todas las cosas que necesitabas para tu educación?

¿Te fuiste de vacaciones cuando eras pequeño?

¿Cuáles fueron los regalos de cumpleaños que más te gustaron cuando eras un niño?

¿Tuviste una bicicleta, juguetes o una mascota?

¿Tuviste ropa suficiente cuando crecías rápido y cambiabas de talla enseguida?

¿Fuiste al cine, hiciste deporte, aprendiste a tocar un instrumento musical o tuviste algún pasatiempo?

¿Fuiste al médico y tomaste medicinas cuando estabas enfermo?

¿Fuiste al dentista?

¿Tuviste artículos básicos que usabas todos los días, como un cepillo de dientes, pasta de dientes, jabón y champú?

¿Viajaste en coche?

¿Veías la televisión, hacías llamadas telefónicas o tenías acceso a calefacción, electricidad y agua?

Todas estas cosas cuestan dinero, y las recibiste ¡sin ningún costo! Al recorrer esos recuerdos de tu infancia y juventud, te darás cuenta de la abundancia de dinero que has recibido a lo largo de tu vida. Sé agradecido por cada ocasión y recuerdo porque, cuando sientas gratitud sincera por el dinero que has recibido en el pasado, ¡tu dinero aumentará mágicamente *ahora* y en el futuro! Al hacer esta práctica, deberías sentir regocijo en el corazón, y puede que se te llenen los ojos de lágrimas; ahí es cuando sabes que has ganado el premio gordo con la gratitud más profunda.

De hoy en adelante, hazte la promesa de que cada vez que recibas dinero, ya sea el sueldo por tu trabajo, un reembolso o descuento, o algo que alguien te dé que tenga valor monetario, estarás verdaderamente agradecido por ello. ¡Cada una de estas situaciones significa que has recibido dinero, y cada ocasión te brinda la oportunidad de usar el poder de la gratitud para aumentar y multiplicar aún más tu dinero al ser agradecido por el dinero que acabas de recibir!

Para terminar esta práctica, coge un billete y escribe lo siguiente en un pósit que vas a pegarle:

Gracias por todo el dinero que he recibido a lo largo de mi vida.

Hoy lleva encima tu billete mágico y guárdalo bien en la cartera, bolso o bolsillo. Al menos una vez por la mañana y una vez por la tarde, o tantas veces como quieras, sácalo y sostén el billete mágico en tus manos. Lee las palabras que escribiste y *de verdad* da las gracias por la abundancia de dinero que has recibido a lo largo de tu vida. Se llama billete mágico porque nada manifiesta dinero tan rápido como la gratitud. ¡Cuanto más sincero seas y más lo sientas, más rápido verás cómo tu dinero se multiplica!

Recuerda

Ser agradecido cuando recibas dinero.

Continuar con la práctica de convertir el dinero que sale en dinero que entra.

Escuchar la grabación de las afirmaciones de riqueza antes de dormir.

Día 10

El efecto bumerán

«Solo puedes tener todo lo que quieres en la vida si ayudas lo suficiente a otras personas a conseguir lo que quieren».

Zig Ziglar, escritor y conferenciante motivacional

Todo lo que mandas en forma de pensamiento, palabra o acción vuelve a ti, al igual que un bumerán, y cuando detrás de lo que envías hay una emoción fuerte, lo que vuelve está multiplicado. Ya sea que estemos pensando o hablando sobre nosotros mismos o sobre otra persona, el bumerán energético de lo que enviamos regresa a *nosotros.* Y ya sea que estemos pensando o hablando de algo que queremos o de algo que no queremos, eso también vuelve a nosotros.

Obviamente, se trata de una gran noticia porque significa que puedes enviar pensamientos de prosperidad y abundancia de forma deliberada, y si pones mucho sentimiento detrás de ellos, ¡puedes hacer que el contenido de *esos* pensamientos regrese a ti!

Cuando empecé a cambiar mi mentalidad de escasez por una mentalidad de riqueza, probé muchas prácticas diferentes y también creé muchas propias. Las prácticas que me resultaron más poderosas están presentes en este viaje de veintiún días para manifestar riquezas, pero una de las que más me gustaron fue la de regalar dinero.

La idea era que al dar dinero a otros sentiría algunas emociones positivas sobre el dinero en vez de los sentimientos negativos recurrentes de preocupación, miedo y resistencia.

En ese momento tenía muchas deudas, no tenía dinero en el banco, mis tarjetas de crédito estaban casi al límite, y por eso estaba experimentando muchos sentimientos negativos por la falta de dinero. En concreto, ese día, fui a un cajero automático y saqué algunos billetes de veinte dólares usando mi tarjeta de crédito. Caminé por una calle concurrida intentando decidir a quién darle cada uno de esos billetes. Miraba las caras de las personas con las que me cruzaba y me imaginaba dárselo mientras pasaba junto a ellas. ¡Mi mayor dificultad fue que quería darles dinero a todos! Me parecía imposible elegir. Pero mientras me imaginaba que les daba dinero, me vine abajo y se me saltaron las lágrimas. Incluso antes de haber dado el primer billete de veinte dólares, había cambiado totalmente la forma en que me sentía respecto al dinero.

Al final, le pedí al universo que me mostrara a quién debía darle el dinero, y me presentó dos situaciones distintas donde escuché a personas decir que no tenían el dinero suficiente para comprar algo, y en ese momento pude intervenir y entregarles un billete. Ese día, solo fui capaz de dar dos billetes, pero en mi imaginación le di uno a más de cien personas.

Es importante decir que no lo hice para atraer más dinero.

Lo di para sentirme bien con el dinero.

Quería cambiar toda una vida de sentirme mal con el dinero. Pero si das dinero y sientes amor al hacerlo, seguro que ese dinero volverá a ti de forma multiplicada.

Hice esta práctica un viernes por la tarde. Al lunes siguiente, solo cuarenta y ocho horas después, me ingresaron veinticinco mil dólares en la cuenta por una situación de negocio de la que no sabía nada, y luego, veinticuatro horas después, me llegaron diez mil dólares más por otra situación inesperada. Recibí un total de treinta y cinco mil dólares en mi cuenta pocos días después de simplemente dar cuarenta dólares pero mentalmente dar cientos. Aquello me hizo pensar que, sin duda alguna, fue gracias a mi práctica, por la profundidad del sentimiento que experimenté ese día, y porque imaginé darle dinero a mucha gente.

Hoy vas a visualizar que les das dinero a personas a las que no conoces de nada. Imagínate que sostienes un puñado enorme de billetes de cien dólares. Los bolsillos también los tienes llenos de billetes de cien dólares, así que no te vas a quedar sin dinero. Con cada persona que te cruces o con la que conectes, mírala a la cara e imagina que le das un billete de cien dólares.

Intenta hacerlo con tantas personas como puedas, pero que sean mínimo cuarenta. Asegúrate de hacer esta práctica de una sola vez, en lugar de repartirla a lo largo del día, porque concentrar todo el esfuerzo contribuirá a que tu sentimiento sea más profundo. Si hoy no estás en un sitio en el que puedas cruzarte con cuarenta personas, hazlo en la primera oportunidad que tengas cuando estés entre otra gente.

La ley universal responderá a tu imaginación como si fuera real, ¡y esta práctica le está diciendo a la ley que tienes tanto dinero que lo estás dando!

¡Recuerda que todo lo que envías en forma de pensamiento, palabra o acción regresa a ti, y si el sentimiento es fuerte, volverá a ti multiplicado!

RECUERDA

Ser agradecido cuando recibas dinero.

Continuar con la práctica de convertir el dinero que sale en dinero que entra.

Escuchar la grabación de las afirmaciones de riqueza antes de dormir.

Día 11

Mañanas de gratitud

«Cuanto más practiques el arte de la gratitud, más cosas tendrás por las que estar agradecido».

Norman Vincent Peale, clérigo y escritor

Hay un pasaje en el Evangelio de Mateo en la Biblia que ha desconcertado, confundido y sido malinterpretado por muchas personas a lo largo de los siglos. El pasaje dice:

«Porque al que tiene, le será dado, y tendrá más; y al que no tiene, aun lo que tiene le será quitado» (Mateo 25, 29).

Hay que admitir que al escuchar este pasaje suena algo injusto, porque parece decir que los ricos se harán más ricos, y los pobres más pobres. Al igual que muchos pasajes de la Biblia, hay un misterio que descubrir, un velo que levantar, y cuando se revela el significado de este pasaje se expone un poder oculto. Esta es precisamente la razón por la que el pasaje fue velado, pues solo quienes estén listos para darse cuenta de su poder oculto verán el verdadero significado.

La respuesta al misterio y el secreto del pasaje está en una palabra oculta. Vuelve a leer el pasaje con la palabra oculta resaltada:

«A todo el que tiene **gratitud**, se le dará más, y tendrá en abundancia. Pero al que no tiene **gratitud**, aun lo que tiene le será quitado».

Al insertar esta palabra oculta, un texto críptico y malinterpretado se torna cristalino. Han pasado miles de años desde que se escribieron estas palabras, y son tan ciertas hoy como lo han sido siempre: si no dedicas el tiempo necesario a ser agradecido, nunca tendrás más, y perderás lo poco que tienes. La promesa de lo que sucede con la gratitud está en estas palabras: *¡si eres agradecido te darán más, y tendrás abundancia!*

Por eso, la gratitud está presente a lo largo de las prácticas que contiene *Cuenta atrás para hacerte rico;* es así de poderosa.

Hoy o mañana, en cuanto te levantes de la cama, mientras caminas para ir hacia el baño o la cocina, repítete diez veces: «Gracias por todo el dinero que entra a mi vida». Después, piensa en diez cosas que tengas y que te encanten, las cuales te costaron dinero y por las que realmente estás agradecido. Puedes hacerte una lista mental o decirlas en voz alta, o, para concentrarte todavía más y generar un sentimiento de gratitud más profundo, puedes hacer una lista escrita de esas diez cosas. Empieza todas las frases con «Estoy muy agradecido por...».

A TODO
EL QUE
TIENE
GRATITUD,
SE LE
DARÁ MÁS,
Y TENDRÁ
EN
ABUNDANCIA

Recuerda: «A todo el que tiene **gratitud**, se le dará más, y tendrá en abundancia». Después, observa cómo tu gratitud te trae más de todo aquello por lo que estás agradecido.

RECUERDA

Ser agradecido cuando recibas dinero.

Continuar con la práctica de convertir el dinero que sale en dinero que entra.

Escuchar la grabación de las afirmaciones de riqueza antes de dormir.

Día 12

El tablero de visualización del dinero

«Visualizar es el gran secreto del éxito».

Geneviève Behrend, escritora

Si te dieras cuenta del poder infinito que tienes para ser, hacer o tener cualquier cosa que desees, ¡nunca más te preocuparías por el dinero! Tienes el *dominio total* de tu mundo, pero debes darte cuenta de eso por ti mismo. Para utilizar tu poder infinito y convertirte en maestro de tu dinero, primero debes convertirte en maestro de tus propios pensamientos. El primer paso hacia el dominio de tus pensamientos requiere que constantemente dirijas tus pensamientos hacia lo positivo cuando pienses en el dinero.

Hoy vamos a abordar el maravilloso poder de tus pensamientos positivos al usar *imágenes* de dinero en un tablero de visualización. Recuerda que las imágenes son una forma especialmente poderosa de dirigir tus pensamientos, ya que las imágenes y los símbolos son el idioma de la mente subconsciente, y cada vez que ves imágenes de dinero y riqueza, estas se arraigan en tu subconsciente, ¡el hogar de tus creencias!

Cuando eliminamos creencias sobre la carencia, el dinero puede fluir desde todas partes.

Puedes elegir cualquier lugar de tu casa para colocar el tablero de visualización del dinero, siempre que sea un lugar en el que puedas verlo con frecuencia. Incluso podrías usar el refrigerador. Para crear el tablero en el cual visualizar el dinero, recopila o imprime imágenes que representen dinero, como montones de monedas, fajos de billetes, el símbolo del dólar o el símbolo que represente a tu moneda, imágenes de oro y plata, y cualquier otra cosa que para ti represente riqueza, como el coche

de tus sueños o la casa de tus sueños, etcétera. ¡El tablero debe estar a rebosar de imágenes de dinero y riqueza!

También quiero que elijas veinte cantidades diferentes de dinero para escribirlas en el tablero de visualización. Elige una mezcla de cantidades pequeñas y grandes que te parezcan alcanzables, como $5, $10, $100, $250, $500, $2000, $10 000, $100 000, etcétera. Cada vez que manifiestes una de estas cantidades, quítala y coloca una nueva cantidad de tu elección.

Observa tu tablero con frecuencia. Cuanto más expongas tu mente subconsciente a imágenes de riqueza y prosperidad, más rápido creerá tu mente subconsciente que *eres* rico. En la película y el libro *El Secreto,* John Assaraf cuenta la increíble historia de cómo acabó comprándose justamente la casa que tenía en una foto en su tablero de visualización de hacía cinco años. ¡Hasta que no encontró su antiguo tablero de visualización en una caja de almacenamiento, no se dio cuenta de que se había comprado la casa de sus sueños sin siquiera saberlo! ¡Así de poderosa es esta práctica!

Recuerda

Ser agradecido cuando recibas dinero.

Continuar con la práctica de convertir el dinero que sale en dinero que entra.

Escuchar la grabación de las afirmaciones de riqueza antes de dormir.

Día 13

Soy multimillonario

«Ten sueños de abundancia, y mientras sueñas, lo conseguirás».

James Allen, escritor y filósofo

Hoy, gracias al poder de tu imaginación, ¡vas a tener un día increíble, porque hoy te vas a convertir en multimillonario!

Imagínate que ahora mismo eres superrico. Imagínate que tienes varios millones en el banco. ¿Vivirías tu vida de manera diferente? Piensa en todas las cosas que harías. ¿Cómo te sentirías? Te sentirías diferente, caminarías diferente y hablarías diferente. Reaccionarías a todo de forma diferente.

Hoy quiero que te sientas como un multimillonario a lo largo del día y que te recuerdes a ti mismo, tantas veces como puedas, que tienes independencia económica al cien por cien porque eres multimillonario. Siente el alivio de no tener que preocuparte por el dinero nunca más. Siente la ligereza de saber que puedes permitirte hacer lo que quieras. Siente la alegría de saber que puedes ayudar económicamente a tu familia y amigos. Conduce tu coche como si fuera el coche de tus sueños. Camina por tu casa como si fuera la casa de tus sueños. Siéntete como si vistieras de la cabeza a los pies con tu ropa favorita. Ve a la tienda de tu marca favorita o compra por internet e imagínate que te puedes comprar todo lo que quieras. Imagínate que estás reservando un viaje en primera clase alrededor del mundo para visitar tus países favoritos. Cuando veas el coche de tus sueños, imagínate que es tuyo. Cuando veas una casa preciosa, imagínate que es tuya porque hoy eres multimillonario. Tienes que hacer tu mejor actuación para convencer del todo a tu mente subconsciente. ¡Ve por un Óscar!

Habrá personas que atraerán varios millones solo por tener en mente la idea de ser multimillonarias y creer que es real, ¡y quiero que tú seas una de ellas!

¡Soy multimillonario!

RECUERDA

Ser agradecido cuando recibas dinero.

Continuar con la práctica de convertir el dinero que sale en dinero que entra.

Escuchar la grabación de las afirmaciones de riqueza antes de dormir.

Día 14

¡Gracias-pagado!

«Si deseas gozar de más prosperidad y éxito en la vida, tienes que hacerte con las riendas de tus pensamientos y sentimientos de forma consciente, audaz y deliberada para redirigirlos hacia la prosperidad y el éxito».

Catherine Ponder, escritora y ministra de la Iglesia

Ahora ya sabes que sentirte mal por la falta de dinero traerá aún más escasez a tu vida. Pero puede ser especialmente difícil no sentirse mal cuando nos llegan facturas y las pagamos. Si no tienes tanto dinero como necesitas, hacer esos pagos puede provocar que tu ánimo termine por los suelos. Pero para tener la independencia económica que deseas, esos sentimientos negativos deben desaparecer. Descubrí que crear juegos relacionados con el pago de las facturas me ayudaba a sentirme mejor al respecto. Los juegos que creé cambiaron mis sentimientos y, al final, fueron algo que me ayudó a pasar de una mentalidad de escasez a una mentalidad de riqueza.

Uno de los juegos que me inventé para cambiar cómo me sentía respecto a las facturas fue fingir que en realidad eran cheques. Saltaba de alegría al abrirlas y decía: «¡Más dinero para mí! ¡Gracias, gracias!». Después, en cada factura escribía «GRACIAS POR EL DINERO», y experimentaba gratitud por recibir ese dinero, hasta el punto de que se me saltaban las lágrimas.

Al final, cuando podía pagar la cantidad de cada factura, escribía «GRACIAS-PAGADO» y lo pagaba con gratitud.

Hoy me gustaría que cogieras todas tus facturas pendientes, te fijases en cada importe e imaginaras por un momento que se trata de un cheque que acabas de recibir. Después, escribe en cada una «GRACIAS POR EL DINERO». Si tienes las facturas pendientes en formato

¡GRACIAS
POR EL
DINERO!

electrónico, imprímelas y escribe «GRACIAS POR EL DINERO» en cada una.

Después, me gustaría que cogieras diez facturas que hayas pagado en el pasado y escribieras en cada una «¡GRACIAS-PAGADO!». ¡Siéntete realmente agradecido por haber tenido el dinero para pagar esa factura!

Llevo más de veinte años haciendo esta práctica y hoy en día sigo escribiendo en mis facturas «¡GRACIAS-PAGADO!». Y siempre tengo dinero para pagarlas todas. ¡Te animo a seguir mis pasos!

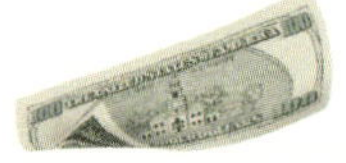

Recuerda

Ser agradecido cuando recibas dinero.

Continuar con la práctica de convertir el dinero que sale en dinero que entra.

Escuchar la grabación de las afirmaciones de riqueza antes de dormir.

Día 15

Actos de bondad intencionados

«Ningún hombre puede enriquecerse a sí mismo a menos que enriquezca a los demás».

Earl Nightingale, escritor y locutor de radio

Lo que sale de nosotros siempre vuelve, por eso, cuando enviamos pensamientos sobre los demás, esos pensamientos vuelven a nosotros como imágenes de *nuestra* vida. Por ejemplo, si estás enfadado con alguien, esos pensamientos volverán para hacerte daño. Todos estamos conectados. Todos somos parte de un campo energético único, la mente suprema única o la conciencia única. Llámalo como quieras, pero todos somos uno. La ley universal te responde a ti y a tus pensamientos como si no hubiera nadie más en el universo, porque lo cierto es que no hay otros, solo hay un ser. Lo que pienses, lo que sientas sobre cualquier otra persona o cosa vuelve a su fuente: ¡tú!

Ser amable es gratis...,

pero su recompensa
es la riqueza.

Cuando experimentas pensamientos de bondad, generosidad, gratitud o amor, o de desearles salud o abundancia a los demás, ¡esos pensamientos también vuelven a ti como si fueran las imágenes de tu vida!

Hoy quiero que hagas un esfuerzo por expresar bondad hacia todas las personas con las que te encuentres y hagas que se sientan mejor por haberse cruzado contigo. Saluda a las personas en la calle, haz cumplidos, demuestra cariño, sonríe, anima. Ser amable es gratis, pero su recompensa es la riqueza.

Además, al conectar con esas personas, quiero que las mires y mentalmente les envíes este pensamiento: «Te deseo una vida llena de riquezas». Siente de verdad esas palabras, desde el corazón. También puedes mandarles mentalmente este pensamiento a cualquiera que sea el número de personas con las que te cruces hoy. Cuantas más personas sean con las que puedas hacer esto, más energía positiva mandas y más energía positiva vuelve a *tu* vida y a tu situación económica.

Cuando podamos vivir nuestra vida de acuerdo con nuestra verdadera naturaleza, que es la bondad más pura, ¡nuestra vida será maravillosa!

RECUERDA

Ser agradecido cuando recibas dinero.

Continuar con la práctica de convertir el dinero que sale en dinero que entra.

Escuchar la grabación de las afirmaciones de riqueza antes de dormir.

Día 16

El dinero sí que crece en los árboles

«Crecí con muchas creencias respecto al dinero; como que si lo tenías, te hacía ser malo; solo las personas malvadas tienen dinero; y también crecí creyendo que el dinero no crece en los árboles; "¿Quién te crees que soy, Rockefeller?"... Por eso me crie pensando que la vida realmente era muy dura».

Jack Canfield, en el libro *El secreto*

Si no naciste siendo rico, si no creciste rodeado de abundancia, o si todavía no has encontrado la verdadera independencia económica, lo más probable es que tengas algunas creencias que limitan la cantidad de dinero que está entrando en tu vida.

Creencias como:

1. «Tienes que esforzarte mucho para conseguir dinero».
2. «La única forma de ganar dinero es a través de un trabajo».
3. «Querer tener dinero no es algo espiritual, sino materialista».
4. «Nunca podría permitirme ___________».
5. «No es lo que sabes, es a quién conoces».
6. «El dinero es la raíz de todos los males».
7. «La gente rica no es de fiar».
8. «Para tener mucho dinero debes nacer en una familia rica».
9. «No soy lo suficientemente inteligente, válido, ni estoy cualificado o educado como para tener dinero».

¿Te suena alguna de esas creencias? Permíteme que te diga algo. Ninguna de esas creencias es verdadera. ¡Ninguna! En tu interior hay un poder que está creando toda tu realidad y que puede crearla para que sea *lo que tú quieras;* entonces, ¿qué sentido tiene pensar que podrías estar limitado en la cantidad de dinero que puedes tener?

Solo tus propias creencias limitantes limitan lo que puedes experimentar.

A veces, basta con saber que esas creencias no son ciertas para que empiecen a tambalearse, agrietarse y derrumbarse. Pero hoy vamos a trabajar para empezar a dejar de lado esas creencias relacionadas con la escasez.

Recuerda que cada vez que tienes un pensamiento positivo sobre el dinero, tu vida mejora y te acercas a la independencia económica.

Anota las creencias relacionadas con la escasez con las que te sientas identificado, después lee mentalmente la lista que dice lo contrario y que te ofrezco a continuación. Lee *cada frase tres veces.* Repite esta práctica *al menos tres veces en el día de hoy.*

1. **«El dinero me llega de todas partes sin que yo haga nada».**

2. «El universo tiene formas ILIMITADAS de darme dinero, solo tengo que abrir mi mente a las posibilidades».

3. «La pobreza es una carga para la sociedad. Tener suficiente dinero no solo es mi derecho por nacimiento, sino mi responsabilidad para vivir una vida plena. Vivir una vida plena contribuye a la sociedad».

4. «Puedo permitirme ____________ y el resto de las cosas que quiero».

5. «Pensar en lo que quiero es lo que me abre todas las puertas».

6. «¡El dinero hace que me sienta genial!».

7. «La gente rica tiene una mentalidad de riqueza, y yo también estoy creando una mentalidad de riqueza».

8. «Da igual la cantidad de riqueza con la que haya nacido, lo que importa es que piense en abundancia y prosperidad».

9. «La prosperidad surge de tener pensamientos de prosperidad».

Puedes ir leyendo estos pensamientos de riqueza todos los días para erradicar cualquier creencia de escasez. Repetir estos pensamientos es lo que reemplaza una creencia por otra, por eso, si has adoptado alguna de estas creencias de escasez, ¡repetir la creencia contraria es lo mejor que puedes hacer para eliminarlas de una vez por todas!

El dinero sí que crece en los árboles.

RECUERDA

Repite los pensamientos
sobre la riqueza dos veces más hoy.

Ser agradecido cuando recibas dinero.

Continuar con la práctica de convertir
el dinero que sale en dinero que entra.

Escuchar la grabación de las afirmaciones
de riqueza antes de dormir.

Día 17

Hoy recibiré más dinero

«O vivimos con intención
o existimos por defecto».

Kristin Armstrong, atleta y escritora

Utilizo la práctica de la intención todos los días de mi vida, y es imprescindible que tú también lo hagas si quieres generar más dinero para ti.

Hacer las cosas con intención significa crear tus días exactamente tal y como quieres que sean. Todos los días debes hacer las cosas con intención.

¡Ponle intención a toda tu vida!

Haz que las fuerzas del universo estén a tu favor en todo lo que hagas y en todos los lugares a los que vayas al pensar de antemano cómo quieres que sucedan las cosas. De esta manera, estarás creando tu día desde la intención, y no habrá errores farragosos, contratiempos ni sorpresas.

Puedes y debes ponerles intención a tus pruebas físicas, entrevistas, reuniones, exámenes, citas, quedadas con amigos, vacaciones y consultas al médico o dentista, y *siempre* debes ponerle intención al dinero que entra y que sale de tu vida.

Cada vez que estés esperando que te llegue una factura o quieras saber cuánto cuesta algo, asegúrate de pensar intencionalmente en la cantidad que quieres que sea. ¡Atrévete a pedir menos! Y siempre añádele las palabras «O MENOS» a la cantidad en la que hayas pensado. Cada vez que vayas a recibir dinero, vuelve a pensar intencionalmente en la cantidad que deseas y atrévete a pedir más, pero siempre agrega las palabras «O MÁS» a la cantidad en la que hayas pensado.

Hoy quiero que experimentes el poder de la intención al planificar todo tu día con antelación. Lo único que tienes que hacer es repasar mentalmente todo lo que has planeado para el día al empezar el día, con la intención de que cada cosa sea fácil y sencilla y salga perfecta. A lo largo del día, antes de *cada* cosa y plan que hagas —hasta la cosa más simple, como cocinar o contestar una llamada—, vuelve a pensar con intención en el resultado de cada uno. Debes tener la intención de que todo salga bien y mejor de lo que te imaginas, que todo funcione a la perfección, que vayas a reírte mucho, ¡y tener la intención de que tu día sea redondo en todos los sentidos!

Los días en los que algo sale mal suelen terminar costándonos dinero, por eso esta práctica te ayuda a que el dinero no se te escape de las manos. Pero hoy también vas a usar el poder de la intención para aumentar el dinero que tienes. Lo ideal es que cada hora que pases despierto, o al menos diez veces a lo largo del día de hoy, repitas mentalmente esta frase:

Hoy
recibiré
más dinero.

Este es tu mantra para atraer dinero a lo largo del día. Para que no se te olvide, puedes programar un recordatorio en el móvil.

No puedo imaginarme vivir un solo día sin el poder de la intención. ¡Cuando lo hagas de forma habitual, será uno de tus hábitos más poderosos!

RECUERDA

Ser agradecido cuando recibas dinero.

Continuar con la práctica de convertir el dinero que sale en dinero que entra.

Escuchar la grabación de las afirmaciones de riqueza antes de dormir.

Día 18

Ahí viene Papá Noel

«Solo al dar puedes recibir más de lo que ya tienes».

Jim Rohn, escritor y conferenciante motivacional

Todos los pensamientos que tenemos salen de nosotros y siempre vuelven a su origen: ¡tú! Por eso, si pensamos en darle dinero a alguien, y ese acto de dar hace que experimentemos amor y felicidad, el dinero, la felicidad y el amor vuelven hacia nosotros y nos son entregados.

En la página siguiente, encontrarás un cheque del universo valorado en cien mil dólares, ¡y hoy vas a imaginarte que das *todo* ese dinero en las próximas ocho horas! Puedes dárselo a familiares, amigos, compañeros de trabajo, conocidos o desconocidos, pero debes dárselo a

BANCO DEL UNIVERSO, SOCIEDAD (I)LIMITADA
Tu deseo es mi cometido
DATE Hoy
AVISO DE PAGO - Siéntete bien
PÁGUESE POR ESTE CHEQUE A Ti
$100 000
INTRANSFERIBLE
Deberes creer en ello para cobrarlo
cien mil dólares
ENTIDAD PAGADORA: LA CUENTA DEL UNIVERSO: ABUNDANCIA ILIMITADA
FIRMADO: Universo
Este documento carece de validez como cheque conforme a la Ley Cambiaria y del Cheque
⑆843 732738 843 ⑆843 732738 843
www.thesecret.tv

personas, no a organizaciones. En tu dispositivo electrónico o en una hoja de papel haz una lista de los destinatarios, y junto a sus nombres escribe la cantidad que recibirá cada uno, hasta un total de cien mil dólares. Puedes dárselo todo a una sola persona, pero la práctica será más poderosa si lo distribuyes entre varias personas.

Cuando hayas terminado de escribir la lista y el total sea de cien mil dólares, siéntate y visualízate dándole un cheque a cada persona de la lista, diciéndoles por qué les das esa cantidad en concreto. Visualiza su reacción y siente el amor y la felicidad que te proporciona poder compartir tu riqueza con esa persona. Después, pasa a la siguiente persona de tu lista hasta que las hayas visualizado a todas recibiendo el dinero.

Y después, ¡observa cómo la ley del universo proyecta la energía de las personas, las circunstancias y las cosas que pasan a tu alrededor para devolvértelo todo *a ti*!

Recuerda

Ser agradecido cuando recibas dinero.

Continuar con la práctica de convertir el dinero que sale en dinero que entra.

Escuchar la grabación de las afirmaciones de riqueza antes de dormir.

DÍA 19

ARREGLAR EL FUTURO A TRAVÉS DE LA GRATITUD

«La gratitud tiende un puente hacia la abundancia».

Roy T. Bennett, escritor

Una manera especialmente poderosa de usar la gratitud para atraer más dinero a tu vida es estar agradecido por el dinero que deseas como si ya lo hubieras recibido. Al sentirte tan agradecido como te sentirías en caso de tener ya el dinero que quieres, estás completando a la vez el primer paso y el segundo del proceso de creación. Después, lo único que tienes que hacer para recibirlo es sentirte bien, ¡y ese es el tercer paso!

Sé agradecido por el dinero que quieres...

como si ya
lo hubieras
recibido.

Recuerda, no hay futuro para la ley, ni tampoco pasado, solo existe este momento del ahora. Lo mismo pasa con cualquier ley natural; la ley de la gravedad no distingue entre el pasado o el futuro. Todas las leyes de la naturaleza y las leyes espirituales funcionan en el momento presente del *ahora.*

Hoy debes elegir cinco cantidades de dinero diferentes de tu tablero de visualización. Después, escribe en una hoja de papel o en tu dispositivo electrónico: «Estoy tan feliz y agradecido ahora que he recibido ____ dólares» y escribe esa frase para cada una de tus cantidades. Experimenta la gratitud tanto como puedas, como si realmente acabaras de manifestar esa cantidad de dinero concreta.

¡Cuanto más profunda y sincera sea la sensación de gratitud, más rápida será la manifestación!

Nunca sabrás de antemano cómo te llegará el dinero, y no es tu deber saber cómo te llegará. La ley universal decide cómo usará a las personas, circunstancias y hechos que se desarrollarán en tu vida para entregarte lo que has pedido. ¡Y sin duda la parte más emocionante de todo es la *sorpresa* que te da cuando llega!

RECUERDA

Ser agradecido cuando recibas dinero.

Continuar con la práctica de convertir el dinero que sale en dinero que entra.

Escuchar la grabación de las afirmaciones de riqueza antes de dormir.

Día 20

Recuerda recordar

«Si quieres una vida feliz y positiva, es necesario deshacerse de lo negativo y centrarse en lo positivo».

Lester Levenson, físico y emprendedor

En tiempos de incertidumbre en los que los precios no paran de subir y las noticias hablan de crisis económica, puedes ponerte a pensar e imaginarte lo peor. Pero nada de eso tiene por qué ser tu caso porque *tú* sabes cómo funciona la vida en realidad: ¡todo se manifiesta a través del pensamiento!

Durante la Gran Depresión hubo personas que salieron adelante porque sabían utilizar el poder de la mente, de manera que solo prestaron atención a pensamientos de abundancia. En sus mentes, la escasez no tenía cabida. Si estas personas pudieron salir adelante en la Gran Depresión, nosotros también podemos hacerlo en el mundo actual. Todo depende de ser conscientes de lo que estamos pensando y sintiendo. Si te sientes bien, sabes que has estado teniendo pensamientos positivos. Los pensamientos positivos son pensamientos sobre lo que deseas. Si te sientes mal, es porque has estado teniendo pensamientos negativos sin darte cuenta. Los pensamientos negativos son pensamientos sobre lo que no deseas.

Pero todo comienza por ser *consciente* de lo que estás pensando y sintiendo. Cuando no eres consciente, a lo largo de un solo día puedes tener miles de pensamientos negativos sobre la falta de dinero. Pero cuando eres consciente y estás en el presente, donde reside todo tu poder, puedes hacerte con las riendas de tus pensamientos. Así podrás asegurarte de que tus pensamientos te sean útiles y estén enfocados en la abundancia de dinero. ¿Cómo puedes ser más consciente? Una manera es parar de vez en cuando y preguntarte:

«¿Soy consciente?».

En el momento en que te haces la pregunta eres consciente porque has traído tu mente al momento presente.

Los pensamientos positivos son pensamientos sobre lo que deseas.

Los pensamientos negativos son pensamientos sobre

La práctica de hoy consiste en recordar ser consciente. A lo largo del día, pregúntate todas las veces que puedas «¿Soy consciente?». Enseguida serás consciente de lo que estás pensando y sintiendo.

Ser consciente es una de las prácticas más poderosas que existen, ya que cuando eres consciente de tus pensamientos y sentimientos, ya no hay nada que pueda impedirte manifestar abundancia. Cuando seas consciente, no tendrás pensamientos contradictorios sobre la falta de dinero sin darte cuenta; los detectarás enseguida y reemplazarás esos pensamientos por pensamientos de abundancia. ¡Y eso es *irresistible* para la ley universal!

RECUERDA

Ser agradecido cuando recibas dinero.

Continuar con la práctica de convertir el dinero que sale en dinero que entra.

Escuchar la grabación de las afirmaciones de riqueza antes de dormir.

Día 21

Manifiesta para cinco años

«Si en tu imaginación no hay grandes riquezas, nunca las verás reflejadas en tu cuenta bancaria».

Napoleon Hill, escritor

Has llegado al último día de *Cuenta atrás para hacerte rico*. ¡Enhorabuena! Disfruta cada momento de la última práctica de hoy.

Uno de los hábitos que las personas exitosas y los empresarios adinerados siempre tienen es ponerse metas económicas y vitales, quizás al pensar dónde quieren estar dentro de un año o tres o cinco. ¡Y ya te digo yo que no solo alcanzan sus metas, sino que las superan! ¿Por qué es tan importante ponerse metas? Porque cuando tienes metas, estás completando el primer paso del proceso de creación: pedir. Además, cuando nos ponemos metas para el futuro, solemos creer que podemos conseguirlas porque hay tiempo para ello. ¡Segundo paso, creer, completado! Y, por supuesto, cuando te fijas una meta, te aseguras de seguir centrado en ese resultado con pensamientos y sentimientos positivos constantes, y, cuanto más te centres en ello, más real te parecerá y más creerás que puede pasar y que va a pasarte a ti.

Hoy, en un diario o tu dispositivo electrónico, describe cómo será tu situación económica dentro de cinco años. Lo único que tienes que hacer es centrarte en el *resultado* de tu situación económica. Da igual *cómo* consigas el dinero (la ley universal se encargará de eso), solo necesitas decidir exactamente cuál será tu situación monetaria. ¡Sé ambicioso! Pero también piensa en una cifra realista para ti.

Aquí tienes algunas preguntas que te ayudarán a pensar en tus metas económicas a cinco años vista:

¿Cuánto estás ganando?

¿En qué cosas importantes te has gastado dinero o qué cosas importantes te has comprado?

¿Dónde vives? Y describe la casa en la que vives.

¿Cuánto dinero has invertido?

¿Has adquirido alguna propiedad?

¿Qué tipo de coche tienes?

¿Cuál es tu patrimonio neto?

Guarda estas metas durante los próximos cinco años, ¡y te sorprenderá cuántas cosas se hacen realidad y se manifiestan en tu vida!

Ponerse metas no es más que usar tu mente y su ley para crear y pensar intencionadamente en el futuro que quieres *hoy.* ¡Es uno de los secretos de las personas exitosas!

Recuerda

Ser agradecido cuando recibas dinero.

Continuar con la práctica de convertir el dinero que sale en dinero que entra.

Escuchar la grabación de las afirmaciones de riqueza antes de dormir.

Conclusión

¡Enhorabuena por llegar al final de los veintiún días de *Cuenta atrás para hacerte rico*! Si has puesto en práctica estos hábitos, ya habrás empezado a notar mejoras importantes en tu situación económica, y seguro que te está sentando genial experimentar todos los pensamientos y sentimientos positivos que has generado durante las últimas semanas. ¡Lo que ha pasado hasta ahora no es más que el principio! ¡Es una gota en el océano comparado con lo que puedes experimentar si sigues con estas prácticas que te cambiarán la vida!

Para disfrutar de una vida rica y económicamente libre, todos estos hábitos pueden y deben mantenerse de por vida. Si eliges hacerlo, ¡estarás creando una vida que superará tus sueños más ambiciosos! Si en algún momento notas que empiezan a surgir problemas relacionados con el dinero, o si ves que está saliendo más dinero del que entra, aumenta la frecuencia de las prácticas y las veces que las haces hasta que los problemas dejen de manifestarse y el dinero vuelva a fluir hacia ti.

Cualquier día también puedes abrir este libro al azar, y la práctica que te toque será la adecuada para ti en ese momento.

Puedes elegir escuchar la grabación de las afirmaciones durante tanto tiempo como desees. Tal vez llegues a un punto en que solo la escuches una vez a la semana, lo cual es perfecto para mantener los resultados.

Durante estas tres semanas ya has hecho de estas prácticas vitales un hábito; ¡sigue adelante! ¡Sigue adelante y nunca dejes de usar tu mente y tus pensamientos para crear una vida rica y plena, llena de riqueza, felicidad y todo lo que siempre has deseado!

QUE LA FELICIDAD Y LA RIQUEZA TE ACOMPAÑEN,

Rhonda Byrne

Escanea el código QR con el móvil
y sigue las instrucciones para descargarte
la grabación de las afirmaciones de riqueza en la
aplicación Wealth Affirmations.

Afirmaciones de riqueza

Para aquellos que no han podido escuchar la grabación en la aplicación, a continuación tienen las afirmaciones de riqueza escritas. Lean tres o más páginas de afirmaciones cada noche. Pueden leerlas en voz alta, pero leerlas en silencio es más poderoso.

• El dinero fluye hacia mí sin esfuerzo y con facilidad. • Soy un imán para la riqueza. • Escojo tener independencia económica. • Tengo dinero más que suficiente. • Soy rico. • Sé que hay formas ilimitadas en las que el dinero puede llegar a mí. • Cada día disfruto de más abundancia. • Permito que fluya hacia mí una abundancia de dinero aún mayor. • Doy gracias por todo el dinero que he recibido en mi vida. • Quiero tener siempre independencia económica. • El dinero es mi amigo. • Siempre recibo más dinero del que me gasto. • Me merezco tener dinero para poder hacer todo lo que quiero en esta vida. • Compartir mi abundancia con los demás me hace sentir bien. • Tengo los conocimientos necesarios para hacer que mi éxito sea perfecto. • Mi economía prospera. • Tomé la decisión de hacerme rico. • Amo el dinero y el dinero me ama a mí. • Cada día soy más rico en todos los sentidos. • Elijo la prosperidad. • Estoy abierto a recibir todas las riquezas que el universo quiere darme. • Atraigo todo lo que necesito para alcanzar el éxito. • Cada segundo que pasa soy más rico. • Me entusiasma que otras personas reciban dinero. • Todo lo que necesito para alcanzar el éxito llega a mí sin esfuerzo y con facilidad. • Deseo buena fortuna y felicidad para mí y para todos. • Estoy abierto a que el dinero me llegue de formas que nunca imaginé. • Estoy usando el dinero para engrandecer mi vida y la vida de otros. • Hoy recibiré más dinero. • Siempre tengo lo que necesito. • Tengo mucho éxito en todo aquello a lo que me dedico. • El universo conspira para darme todo lo que necesito. • Soy generoso con el dinero. • Cuando pago facturas, el dinero siempre vuelve a mí multiplicado. • Estoy eternamente agradecido por la abundancia y la prosperidad que hay en mi vida. • No me cuesta crear riqueza y prosperidad. • Todos los días y de todas las formas mi riqueza aumenta. • El dinero viene hacia mí con facilidad. • Siempre tengo el dinero suficiente para cubrir mis necesidades. • Atraigo más y más dinero cada día. • Me encanta dar porque mi abundancia es ilimitada. • Atraigo dinero sin esfuerzo y con facilidad. • Me merezco cosas buenas. • Tengo más que suficiente. • Me encanta compartir mi abundancia con mis seres queridos. • El dinero abunda y está viniendo hacia mí. • Todos los días recibo más dinero. • Doy las gracias por mi riqueza y mi prosperidad, que no dejan de aumentar. • Tengo dinero para cumplir con todas mis obligaciones económicas, ahora y por siempre. • Doy la bienvenida a mi vida a toda la abundancia y a todas las riquezas del planeta. • Le doy las gracias al universo por toda la prosperidad que hoy es mía. • Estoy deseando ver de dónde vendrá más dinero. • La abundancia y la prosperidad están en mi derecho de nacimiento. • Me merezco ser rico. • Tengo la intención de que el dinero fluya hacia mí hoy. • Digo SÍ a la independencia económica para mí y para todos los que me rodean. • Estoy abierto a la posibilidad de que el dinero fluya hacia mí desde todas las direcciones. • El mundo nunca ha sido tan rico, y yo recibo muchas de esas riquezas. • La independencia económica depende de mí, y la elijo para mí. • Me abro a la posibilidad de que la buena suerte llegue a mí. • El universo no deja de proporcionarme toda la abundancia que necesito para tener una vida plena y feliz. • La prosperidad, la opulencia, la riqueza, la abundancia y la independencia económica están naturalmente disponibles para mí mientras pienso en ellas. • He tomado una decisión: «SÍ, SÍ, SÍ» a más dinero. • Permito que el dinero en todas sus formas fluya continuamente a mi vida. • El universo ha recibido mi petición de más dinero y hará que aparezca ante mí. • La riqueza ilimitada está disponible para mí en todo momento; me abro a recibirla. • ¿Puedo conseguir tener independencia económica? Sí, puedo. • Recibo cheques inesperados por correo. • Poniendo las palmas de las manos hacia arriba, le doy la bienvenida al dinero en mi vida. • El dinero está fluyendo hacia mí. • Me doy permiso para tener todas las cosas que deseo. • Este es exactamente el momento adecuado para mí para ser rico. • Tengo lo necesario para triunfar. • Les doy la bienvenida a la prosperidad, la salud y la felicidad en mi vida. • El dinero SÍ que crece en los árboles. • El dinero es ilimitado; al igual que el aire y el cielo, está en todas partes. • No necesito ser rico para ser feliz, pero necesito ser feliz para ser rico. • Estoy atrayendo todo el dinero que necesito para vivir mi vida al máximo. • El dinero no deja de aparecer en mi vida de formas inesperadas. • Soy un imán para el dinero. • Claro que puedo tener independencia económica. • El dinero me llega desde muchas partes. • Tomo la decisión consciente de tener independencia económica ahora. • El dinero nunca deja de fluir hacia mí. • Atraigo la riqueza sin esforzarme. • Soy generoso y el universo me recompensa cien veces más. • Siempre tengo el dinero suficiente para todo lo que quiero hacer en esta vida. • Cuanto más comparto mi riqueza, más crece. • Soy un canal para que la abundancia fluya en mi vida. • El dinero me pertenece. • Estoy abierto a recibir aún más abundancia en todas las áreas de mi vida. • Gano dinero mientras duermo. • Estoy muy agradecido por poder compartir mi riqueza con los demás. • La decisión de tener independencia económica es tan simple como decidir comprar leche en el supermercado. • Sé que soy digno de riqueza ahora, tal como soy. • Disfruto de la libertad que aporta el dinero a mi vida diaria. • Creo riqueza. • La abundancia me bendice todos los días de mi vida. • Disfruto de la independencia económica. • Estoy agradecido por recibir todo el dinero que necesito. • Tengo la cuenta del banco llena, el corazón lleno y la vida llena. • Sé cómo conectarme con el flujo universal de la abundancia ilimitada. • La riqueza es una bendición que enriquece mi vida diaria. • La independencia económica no solo es posible, sino que está aquí ahora. • Sonrío con gratitud cuando pienso en la abundancia que hay en mi vida. • El dinero fluye hacia mí tan fácilmente que puedo pagar todo lo que quiera. • Agradezco la riqueza que una vez anhelé. • El universo quiere darme todo lo que deseo. • Me deshago de todas las creencias que no están alineadas con mi independencia económica. • Una vida plena y rica es el derecho de nacimiento de todo ser humano. • Doy gracias porque soy rico, estoy sano y soy feliz, y el orden divino gobierna mi vida. • Dinero, dinero, dinero, manifiéstate aquí y ahora en rica abundancia. • Todos los días son prósperos para mí, cada situación es próspera para mí. • Siempre tengo mucho más dinero del que necesito. • La abundancia lujosa llena mi vida cada día y de todas las formas. • Me merezco todas las riquezas que deseo. • El universo quiere que todos vivan en abundancia. • Hoy tengo independencia económica y la tendré siempre. • Ordeno que cada puerta y canal financiero se abra para mí y que fluya en infinita abundancia. • Siempre recibo todo el dinero que necesito para vivir una vida plena. • Me alejo de toda duda y mantengo firmemente mi independencia económica. • Ahora es el momento perfecto para que el dinero fluya hacia mí en abundancia. • Me emociona pensar en todas las formas en las que el dinero llega a mí. • Cuanto más dinero comparto y doy, más dinero fluye hacia mi cuenta bancaria. • Grandes sumas de dinero vienen a mí de las formas más sencillas. • Soy uno con las riquezas infinitas de mi verdadero ser. • Confío en el poder divino para rodearme de abundancia. • Está en mi derecho de nacimiento ser rico, exitoso y feliz. • Tener independencia económica es una buena sensación. • ¡Adoro mi vida repleta de abundancia! • En todo momento, la inteligencia infinita me llena de sabiduría, éxito y prosperidad. • Hacia mí solo viene lo mejor, sin importar dónde esté o qué esté haciendo. • Me desprendo de cualquier miedo a no tener suficiente. • Este año estoy atrayendo mucho más dinero que cualquier otro año. • Todos los días, la inteligencia infinita me guía hacia la felicidad, la prosperidad y la riqueza. • El dinero fluye hacia mí en cantidades copiosas. • Todo está saliendo de la forma que más me beneficia. • Siempre me pregunté cómo sería ser rico y ahora lo sé. • Me encanta sorprenderme con todas las formas en las que el universo me trae dinero. • Todo el dinero que me gasto vuelve multiplicado. • Mi vida entera es abundante. • Soy un imán para las riquezas y la abundancia. • Todos los pensamientos que tengo me permiten atraer más dinero. • Soy rico, rico, rico. • Nunca más tendré que volver a preocuparme por el dinero. • Solo tengo pensamientos de abundancia y prosperidad. • Llevo mucho tiempo soñando con ser así de rico. • Me deshago de los pensamientos y creencias que no son útiles para mi prosperidad. • Estoy decidido a cultivar una mentalidad de riqueza. • La prosperidad impregna todas las células de mi cuerpo. • Sé todo lo que necesito saber para ser rico AHORA. • Permito que el dinero fluya hacia mí en grandes cantidades. • Estoy abierto a recibir riquezas para vivir una vida plena y feliz. • Siempre tengo dinero más que suficiente. • Estoy ganando dinero mientras duermo. • Todo lo que pago con gratitud vuelve a mí. • Soy más rico de lo que jamás pude soñar. • Soy un imán para el dinero que camina y respira. • Con cada pensamiento de abundancia atraigo aún más dinero hacia mí. • Cada día estoy abierto a recibir dinero de fuentes sorprendentes. • Permito que fluya a mi vida más dinero que nunca. • Atraigo prosperidad y abundancia de todo tipo. • Estoy increíblemente agradecido por todo el dinero que he tenido en mi vida. • Cada pensamiento de abundancia que tengo está cambiando mi situación económica y mi vida. • Me libero de toda resistencia al dinero, y por eso fluye libremente a mi vida. • Todo está bien. • Permito que la felicidad y la alegría sean mi estado predominante. • Estoy abierto y receptivo a todo lo bueno que el universo pueda ofrecerme. • Está fluyendo más dinero hacia mí. • El dinero que llega a mi cuenta todos los meses no deja de aumentar. • Doy las gracias por toda cantidad de dinero que recibo. • Mi mente es un imán para el dinero. • Ya soy rico y ahora estoy sintonizando mi mente para recibirlo. • Siempre que pago algo, esa cantidad regresa a mí multiplicada. • El dinero fluye de forma natural hacia mí, como el aire que respiro. • Visualizar mi vida llena de abundancia me emociona muchísimo. • El dinero me llega desde sitios inesperados. • Tengo el poder de crear la riqueza con la que sueño. • Mi mente no deja de generar pensamientos de riqueza. • Estoy atrayendo mi vida soñada llena de riquezas. • Mi saldo bancario no deja de aumentar. • Atraigo todo el dinero que necesito para todo lo que deseo. • Agradezco tener, por fin, independencia económica: gracias, gracias, gracias. • Me encanta compartir mi riqueza con mi familia y mis amigos. • El universo siempre está cuidando de mí. • Puedo ver cómo el dinero fluye hacia mí. • Soy rico, estoy sano y soy feliz. • Cuanto más doy, más recibo. • Adoro mi vida feliz y abundante. • El dinero que tengo no deja de aumentar. • Mi mentalidad de riqueza es inquebrantable. • La abundancia ilimitada está al alcance de todos. • Me merezco que mis sueños se hagan realidad. • Cuanto más rico y feliz soy, más tengo para compartir con los demás. • Me merezco ser rico. • Las riquezas están en mi derecho de nacimiento. • ¡Me encanta recibir cheques por correo! • El universo tiene formas ilimitadas de traerme dinero. • Estoy en la frecuencia que sintoniza con las riquezas. • La independencia económica es fácil. • Estoy abierto a recibir todas las riquezas que deseo. • Encajo con la riqueza. • Estoy recibiendo abundancia de muchas formas diferentes. • Gracias por la generosa abundancia que no deja de rodearme y llenarme. • El dinero se siente atraído hacia mí y yo me siento atraído hacia el dinero. • Tengo varias fuentes de ingresos. • ¡Amo mi vida llena de riquezas! • La riqueza fluye constantemente a mi vida. • Mi intención es conseguir la independencia económica para mí y para todos. • El dinero viene a mí sin esfuerzo. • Siempre estoy entrenando mi mente para que piense en la riqueza. • El universo se está encargando de todas mis necesidades. • Estoy muy agradecido por la riqueza que atraigo cada día. • Mis pensamientos de riqueza están cambiando mi situación económica en este momento. • Me encanta pensar en tener mucho dinero. • Estoy muy agradecido por la riqueza con la que he sido bendecido. • Inspiro a todos los que me rodean a crear riqueza con el poder de sus mentes. • Me merezco riqueza. • El universo quiere que disfrute de la abundancia. • Estoy centrado en la riqueza, por eso la riqueza es mía. • La sensación de ser económicamente independiente es maravillosa. • Mis pensamientos siempre están centrados en la riqueza, la prosperidad y la abundancia. • Soy próspero, soy próspero, soy próspero. • Soy rico, soy rico, soy rico.

Agradecimientos

Esta es mi oportunidad para darles las gracias a las maravillosas personas que se han unido para trabajar en *Cuenta atrás para hacerte rico* y contribuir con su maravilloso talento y experiencia. Para todos los que formamos parte de El Secreto, este libro surgió con la intención concreta de contribuir con alegría y riquezas en la vida de las personas.

Al fantástico equipo que forma El Secreto, mi eterna gratitud. Es maravilloso trabajar con cada uno de ustedes. Somos un equipo que lleva mucho tiempo unido, tenemos una relación muy cercana, y nos encanta nuestro trabajo; creo que eso lo dice todo. A Skye Byrne, cuyas habilidades de edición y comprensión exhaustiva de los principios de este libro han hecho que sus contribuciones sean de un valor incalculable; sin ella este libro no sería lo que es. Al productor, Paul Harrington, el cual trabajó mano a mano conmigo en este libro, y también con esmero junto a nuestra maravillosa investigadora, Glenda Bell, en la búsqueda y autorización de permisos para todas las maravillosas citas que aparecen a lo largo del libro. Juntos tuvieron que obrar un milagro en muy poco tiempo, y lo consiguieron. Al equipo de *marketing*, en el que trabajan verdaderos titanes: Jason Krutzsch, Josh Gold y Paul Harrington. Al equipo gráfico: el director creativo Nic George, cuya dedicación y absoluta genialidad no dejan de subir el listón con los gráficos de la portada y el interior de nuestros libros; y Josh Hedlund, a quien Nic dirigió y con quien trabajó mano a mano, y cuya creatividad puede verse en todas las páginas. A Don Zyck, nuestro director financiero, que tiene la nada envidiable tarea de gestionar las cuentas y los contratos, algo por lo que todos le estamos muy agradecidos, una persona que forma parte de nuestro equipo y que es muy valorada dentro del mismo. Bob Rainone emprendió la ingente tarea de crear la página web internacional de las afirmaciones, y, al hacerlo, contribuyó enormemente al aspecto técnico de *Cuenta atrás para hacerte rico* al asegurarse de que las afirmaciones se escucharan sin problemas en todos los países del mundo.

A nuestro maravilloso equipo de audio, que trabajó conmigo para grabar las afirmaciones: el ingeniero, Philip Rohr; el productor, Skye Byrne, y nuestro fabuloso equipo de posproducción formado por Paul Harrington, Tim Patterson y David Gild.

Mi agradecimiento más sincero y cariñoso para nuestra editorial, HarperCollins, y todas las personas que trabajan en HarperOne que han contribuido a *Cuenta atrás para hacerte rico.* A la presidenta y editora general de HarperOne, compatriota australiana, Judith Curr. Nuestra relación laboral y nuestra amistad viene desde hace décadas, y Judith sigue siendo una de las personas más brillantes y queridas que hay para mí en el mundo editorial. A la vicepresidenta y directora editorial Nina Shield; la editora asociada Daphney Guillaume; el director de arte Stephen Brayda; la editora jefe Suzanne Quist; la encargada de diseño Yvonne Chan; la jefa de producción Anna Brower; la editora de producción Crissie Molina; la editora de mesa Natalie Blachere; la asistente administrativa Olivia Rivera; y la correctora Amanda Irle. Y el equipo de *marketing* y relaciones públicas: la directora ejecutiva de *marketing* Aly Mostel; la directora ejecutiva de relaciones públicas Melinda Mullin; la directora de *marketing* Julia Kent; la vicepresidenta y subeditora general Laina Adler; y la asistente de *marketing* Madeline Shean.

A mis amigos y a mi familia por su cariño constante y su apoyo inquebrantable. A mis hermanas, a quienes quiero con todo mi ser: Pauline Vernon, Glenda Bell (la cual contribuye a mi camino espiritual cada día al ser un miembro muy querido del equipo de El Secreto) y Janine Child. A las familias de mis hermanas: George Vernon; Lisa y James Brayshaw; Brayden y Charlotte; Kim (mi sobrina, que siempre busca la verdad) y John Wall; Paris y Chloe; Loren Bell; Brittany y Alex Tsandefskis; Eva, Ilo y Hugo; y Brad Collins. A mi familia más inmediata: mi hija Hayley Byrne; su hija, Savannah; el padre de Savannah, Paul Cronin; mi hija Skye Byrne McKemy; su marido, Kevin (Kid) McKemy; y sus tres hijos, Henley, River y Willow, los cuales son mi razón de ser.

Los amigos de toda la vida escasean, y por eso me siento muy afortunada por tener la amistad de Elaine Bate, Peter Byrne, Mark Weaver, Fred Nalder y Philomena Ioannidis. Y por las amistades espirituales que valoro con todo mi corazón, como las que tengo con los guías espirituales Laura Lucille, Peter Dzuiban, Hale Dwoskin, Mooji y Rupert Spira.

Agradezco enormemente poder vivir esta vida, estar totalmente despierta y disfrutar todos los días de lo asombroso de la verdad. El objetivo de mi vida es compartir contigo todo lo que descubro.

SOBRE LA AUTORA

Rhonda Byrne es la creadora y productora ejecutiva de la película *El Secreto,* productora de la adaptación cinematográfica *El secreto: atrévete a soñar,* autora de los libros *El Secreto, El Poder, La Magia, Héroe, Reflexiones diarias del secreto, Cómo el secreto cambió mi vida, El Secreto Más Grande, y El secreto del amor, la salud y el dinero: una clase magistral* y creadora de la baraja *El Secreto: cartas de manifestación.*

Rhonda nació en Australia y empezó su carrera como productora de radio antes de pasarse al sector de la producción televisiva. En 2006, su libro acabó teniendo un enfoque muy diferente cuando estrenó la película documental *El Secreto,* el cual vieron millones de personas de todo el mundo. Después, publicó el libro de *El Secreto,* un superventas a nivel mundial disponible en más de cincuenta idiomas que ha vendido más de treinta y cuatro millones de copias.

Tras publicar el libro en noviembre de 2006, *El Secreto* se posicionó en el puesto más alto de la lista de superventas del *New York Times* durante doscientas semanas y fue nombrado por *USA Today* como uno de los veinte libros más vendidos de los últimos quince años. En enero de 2007, Rhonda apareció en *The Oprah Winfrey Show* junto con cuatro maestros del documental *El Secreto*. En mayo de 2007, Rhonda Byrne fue reconocida como una de las personas más influyentes del mundo en la lista The Time 100: The People Who Shape Our World de la revista *Time,* y poco después apareció en la lista The Celebrity 100 de *Forbes.*

En 2010, Rhonda siguió trabajando y publicó *El Poder,* un libro que enseguida se convirtió en otro superventas del *New York Times.* En la actualidad, *El Poder* está disponible en cuarenta y ocho idiomas. El libro *La Magia* se publicó en 2012, y *Héroe* en 2013. En 2013 también se publicó la edición en libro de *Reflexiones diarias del secreto.* Su libro de 2016, *Cómo el secreto cambió mi vida,* ofrece una recopilación de historias reales de lectores cuyas vidas se han visto transformadas por el mensaje de *El Secreto*. El éxito editorial de Rhonda en 2020, *El Secreto Más Grande,* lleva a sus lectores más allá del mundo material y hacia el ámbito espiritual. Ese mismo año, se lanzó una colección de tres audiolibros titulada *Clases magistrales de El Secreto: el secreto para el dinero, el secreto para la salud y el secreto para las relaciones*. Estas clases maestras se publicaron luego en formato libro en 2022 bajo el título *El secreto del amor, la salud y el dinero: una clase magistral.*

Rhonda fue productora de la película de 2020 *El Secreto: atrévete a soñar,* basada en su libro *El Secreto*. La película está protagonizada por Katie Holmes, Josh Lucas y Jerry O'Connell. En 2023 se lanzó la baraja de *El Secreto: cartas de manifestación,* una recopilación de sesenta y cinco cartas maravillosas e inspiradoras basadas en las enseñanzas de manifestación extraídas de *El Secreto*.

Para más información sobre

El Secreto y el trabajo de Rhonda Byrne,

consulta THESECRET.TV